편지, 쓰고 볼 일입니다

지금, 삶이 잘 익어 가도록

KB120329

나남
nanam

나남신서 1995

편지, 쓰고 볼 일입니다
지금, 삶이 잘 익어 가도록

2019년 5월 5일 발행
2019년 5월 5일 1쇄

지은이   김정웅
발행자   趙相浩
발행처   (주) 나남
주소   10881 경기도 파주시 회동길 193
전화   (031) 955-4601 (代)
FAX   (031) 955-4555
등록   제 1-71호 (1979. 5. 12)
홈페이지 http://www.nanam.net
전자우편 post@nanam.net

ISBN 978-89-300-8995-1
ISBN 978-89-300-8655-4 (세트)

나남신서 1995

편지, 쓰고 볼 일입니다

지금, 삶이 잘 익어 가도록

김정응

프롤로그　이렇게 만나게 된
　　　　　 당신에게

　　　　　　저는 좋은 문장 하나를 만나면 좋은 사람을 보는
것만큼이나 가슴이 설렙니다. 황현산 선생의 산문집 《황현산의
사소한 부탁》에서 그런 특별한 경험을 했습니다.

　나는 이 세상에서 문학으로 할 수 있는 일이 무엇인가를 오랫동안 물
　어 왔다. 내가 나름대로 어떤 슬기를 얻게 되었다면 이 질문과 고뇌
　의 덕택일 것이다.

　이 문장에 저의 경우를 대입해 보았습니다. '문학'을 대체할 말
을 찾아야 했습니다. 우선 평소에 관심을 두어 왔던 여러 단어를
대입해 보았습니다. 나름대로 의미가 있었지만 객관화하기가 어
려웠습니다.
　원점에서 다시 생각해 보았습니다. 제가 잘하고, 제가 좋아하

고, 사회적으로 옳고, 다른 사람도 관심을 기울일 만한 단어를 찾는 일이었습니다. 많은 질문과 고뇌 끝에 '편지'라는 결론을 얻었습니다.

그래서 이 세상에서 편지로 할 수 있는 일이 무엇인지를 오랫동안 묻기로 했습니다. 그러다 보면 나름대로 어떤 슬기를 얻게 될 것입니다. 이 책은 그렇게 시작되었습니다. 황현산 선생님, 감사합니다.

편지란 무엇일까요? 저는 이렇게 생각합니다.

편지는 나를 보는 거울입니다.

편지는 나를 바라보는 것으로부터 시작합니다. 나는 누구인가? 나는 왜 사는가? 나는 왜 편지를 쓰는가? 나의 기쁨은 무엇이고 나의 슬픔은 어떤 것인가? 따라서 편지는 일종의 자서전입니다. 루소Jean-Jacques Rousseau의 《고백록》이고 톨스토이Lev Tolstoy의 《참회록》입니다.

편지는 너를 보는 거울입니다.

편지에는 상대방이 있습니다. 편지를 쓰는 동안 상대방을 마음속에 담아 놓습니다. 그의 모든 것이 궁금합니다. 그의 슬픔과 괴로움에 공감하고 싶어집니다. 그를 응원하고 무엇인가를 주고 싶어집니다. 그래서 쓰고 또 지우고를 반복합니다.

편지는 우리를 보는 거울입니다.

나를 알고 너를 사랑하는데 삼천포로 빠질 가능성은 별로 없습니다. 편지는 가장 간소한 정성을 들여 가장 큰 기쁨을 얻을 수 있는 콘텐츠입니다. 편지는 너와 나, 우리가 따뜻한 행복을 나눌 수 있는 손난로입니다.

편지는 행복을 보는 거울입니다.

오늘날 우리는 편리한 디지털 세상을 살아갑니다. 그러나 디지털의 감수성은 차갑습니다. 따뜻한 아날로그의 감수성도 함께 작동시켜야 합니다. 편지가 그 역할을 할 수 있습니다. 편지는 인간의 오감五感과 사단칠정四端七情을 동원하는 글쓰기이기 때문입니다. 디지털의 이성과 아날로그의 감성이 어우러질 때 행복이라는 꽃은 피어납니다.

당신과 함께
보다 많은 사람들이

편지를 쓰고 편지를 읽고
편지로 사랑을 했으면 좋겠습니다.

김 정 웅

차례

제1장
내 인생의 편지

내 고향 느티나무

《장자》莊子라는 책에 대하여 이야기를 나눈 적이 있습니다. "《장자》, 과연 어떤 책인가?" 저는 그 물음에 "가장 매력적인 책"이라고 대답을 했습니다. 자유로운 생각이 춤을 추는 듯 흥미진진한 이야기를 뒷받침한다고 여겼기 때문입니다. 그중에서도 으뜸을 꼽으라면 '호접몽'胡蝶夢이 아닌가 합니다. 저는 부지불식중에 "내가 나비가 되는 꿈을 꾼 것인가? 나비가 내가 되는 꿈을 꾼 것인가?"라는 장자의 그 음성에 빨려 들어가고 말았습니다.

저에게는 편지가 그렇습니다. 편지에 내가 슬쩍 낀 것인지, 나의 이야기에 편지가 들어온 것인지 구분할 수가 없습니다. 하여간 지금까지 제 인생을 꿰는, 가장 굵고 선명한 선은 편지임에 틀림없습니다. 여기저기에 의미 없이 흩어져 굴러다녔던 제 인생의 구슬들이 편지로 인해 하나의 보배에 가까운 인생으로 꿰어졌다고 해도 과언이 아닙니다.

편지는 조연에 불과했던 저를 주인공으로 만들어 주었습니다. 저를 보겠다고 찾아오는 사람들이 생기기 시작했습니다. 편지는 저에게 세상에서 가장 소중한 사람을 만나게 해준, 황금으로 만든 가교이기도 했습니다. 편지는 서울 어느 회색빛 골목길에서 힘든 세상살이에 울먹일 때 힘을 안겨 주던 보약이기도 했습니다. 편지는 먹고살기 위한 비즈니스 전쟁터에서 막힌 철책을 무너뜨리고 돌파구를 마련해준 수류탄이기도 했습니다. 편지는 외로운 저를 세상과 연결해준 따뜻한 창이기도 했습니다. 그래서 사람과 사람이 함께하는 연대의 삶이 소중한 삶임을 느끼게 해주기도 했습니다.

제 고향은 충청북도 괴산槐山입니다. 처음 만나는 사람 중 십중팔구는 왜 이름이 괴산이고 무슨 뜻이냐고 묻습니다. 괴산은 느티나무가 많은 산골 동네라는 뜻입니다. 저의 시골 동네에도 느티나무가 있습니다. 2019년을 기준으로 450세에 둘레는 어른의 양팔로 다섯 번은 이어야 하는 거목입니다. 어린 시절, 추석이나 설에는 그네를 매달아 우리를 하늘 위로 날게 해주었습니다. 지금도 늘 그 자리에서 한여름 시원한 그늘을 만들어 주고 한겨울 찬 바람을 막아 주며 고향 사람들을 한 가족으로 품어 줍니다. 그 덕분에 코피 터지게 싸우던 친구는 물론, 닭싸움을 하다 집안싸움까지 하던 이웃집 김 씨 아저씨까지도 결국 모두 하나가 됩니다.

편지도 고향의 느티나무와 마찬가지입니다. 편지를 쓰면 상대방을 형제자매처럼 대하게 됩니다. 편지에서는 상대방의 쓰린 곳을 후비지 않습니다. 자연스럽게 상대방에게 애정을 담게 됩니다. 돈이 많거나 적거나, 지위가 높거나 낮거나, 나이가 많거나 적거나, 가림 없이 인격적으로 존중하게 됩니다. 상대방을 염려하고 또한 든든하게 응원해 주게 됩니다. 한때의 불화가 있더라도 아무것도 묻지 않고 상대방을 안아 주게 됩니다. 가장 귀한 존재로 생각하게 되는 것입니다. 편지를 쓰면서 한번 생각해 보세요. 제 말에 공감할 것입니다.

이는 편지가 지닌 기적의 가능성이자 실제로 뿜어내는 힘이기도 합니다. 편지를 쓰는 그 순간 나의 품은 마치 고향의 품이 되어 모든 사람을 넉넉히 받아들이게 되는 것입니다. 편지는 곧 고향입니다. 편지의 기적, 바로 지금 당장 체험하고 볼 일입니다.

제가 쓰는 편지 이야기가 희망의 나비효과로 작용하여 더욱 많은 사람에게 봄날의 아지랑이가 되었으면 좋겠습니다. 아무리 생각해 봐도 편지야말로 우리의 소중한 삶을 다정하게 애무하는, 가장 가까이에 있는 손길인 것 같습니다. 그래서 인사합니다.

"고마워요, 편지."

하나 이상한 군인
위문편지와 선물

초등학교 1학년 겨울방학 즈음에
하얀 눈꽃 피어난 운동장으로
군인 아저씨 한 사람이 걸어 들어왔습니다.

초등학교 1학년 때, 겨울방학이 얼마 남지 않은 12월 초순경으로 기억합니다. 군인 한 사람이 눈이 하얗게 쌓여 흰 도화지 같은 운동장에 굵은 발자국을 남기며 학교 안으로 들어왔습니다.

우선 무서웠습니다. 그 시절 제가 살던 시골에서는 매년 '모의 간첩훈련'을 실시했습니다. 이러한 분위기 때문에 군복만 보아도 두려움을 느낄 정도였습니다. 군복을 입은 그 군인은 교무실로 들어갔고 이를 바라보던 우리 꼬마들의 눈동자는 궁금증으로 가득 찼습니다.

한참 후에 교무실에 가셨던 담임선생님이 다시 교실로 들어오셨습니다. 그러더니 대뜸 "정웅이는 나를 따라오거라" 하셨습니다. 담임선생님께서는 평소에도 제게 심부름을 자주 시키셨습니다. 오늘은 또 어떤 심부름을 시키려고 이러시나 하고 내심 투덜거리며 따라갔는데 선생님은 저를 교무실로 데려가셨습니다. 교무실에 들어가기 좋아하는 학생은 많지 않을 것입니다. 저는 뭔가 크게 잘못한 것이 있나 하고 놀란 토끼처럼 겁먹은 표정을 하고서 따라 들어갔습니다.

교무실에는 교장선생님을 비롯해 많은 교직원이 모여 있었습니다. 그때까지도 제가 왜 이곳에 와야 하는지 그 이유를 알 수 없었기에 저는 마냥 어리둥절할 뿐이었습니다. 그런데 정신을 차려 보니 아까 보았던 그 군인 아저씨가 선생님들 틈에 끼어 있었습니다.

"이 아이가 김정웅이라는 아이입니다."

교장선생님이 저를 군인 아저씨에게 소개했습니다. 그 군인 아저씨는 제 머리를 만지면서 "반갑다. 근데 나는 여자아이인 줄 알았는데 …"라고 말해서 지켜보던 선생님들이 한바탕 크게 웃었습니다. 여자인 줄 알았다고? 그런데 그렇게 착각하는 사람들이 제법 있다는 것을 나중에 커 가면서 알게 되었습니다. 제 이름을 정운, 정은 하며 많이 혼동하더군요.

알고 보니 그 군인 아저씨는 저와 위문편지를 주고받던 바로 그

군인 아저씨였습니다. 예전에는 국군장병에게 위문편지를 준準
의무적으로 썼는데, 어느 날 군인 아저씨로부터 답장이 왔습니
다. 답장을 받은 친구가 몇몇 있었지만 그들은 더 이상 진도를 나
가지 않았습니다. 반면에 저는 답장이 오는 대로 또 편지를 써서
보냈습니다. 그 군인 아저씨는 꼬박꼬박 답장을 보내 주는 성의
가 고마워서 저를 한번 보고 싶었는데, 휴가를 맞아 이렇게 찾아
왔다는 것이었습니다.

군인 아저씨의 방문으로 저는 졸지에 유명 어린이가 되었습니
다. 사람들이 물어보았습니다.

"위문편지를 어떻게 썼길래 군인이 직접 찾아왔어? 비결이 뭐
니?"

'군인 아저씨가 찾아올 정도로 위문편지를 잘 쓰는 어린이'에
대한 혜택은 '썰매 만들기'에서 정점을 이루었습니다. 그 당시 겨
울철 최고의 소원은 좋은 썰매를 갖는 것이었습니다. 썰매 만드
는 일은 중요한 겨울 행사 중 하나였습니다. 특히, 외날썰매는
인기 만점이었습니다.

썰매에는 양날썰매와 외날썰매가 있습니다. 기본적인 차이는
썰매 날이 양날이냐 하나이냐의 차이지만, 실제로 타는 방식에서
는 큰 차이가 있습니다. 양날썰매는 쪼그려 앉거나 무릎을 대고
서 타고, 송곳도 짧을 수밖에 없습니다. 빠른 속도를 내기에도

한계가 있습니다. 반면 외날썰매는 양발을 딛고 서서 스키에서 활용하는 스틱 같은 긴 꼬챙이를 사용합니다. 당연히 빠른 속도를 낼 수 있습니다. 높고 빠르고 불안정하니까 누구나 탈 수가 없습니다. 으스대기에 제격입니다.

동네 형들이 '위문편지'의 공로를 인정해 꿈에 그리던 외날썰매를 만들어 주었습니다. 그해 겨울은 씽씽 달리는 외날썰매와 함께 몹시도 행복했습니다. 이 모든 것이 다 위문편지 덕분이었습니다. 편지를 써보세요. 누구에게든 행복이라는 답장이 올 수 있습니다.

세월이 흘러 저도 군인이 되었습니다. 군대 생활의 기억 중에서 특별한 것 하나가 크리스마스 이벤트였습니다. 내무반에서 하는 크리스마스 이벤트는 크게 두 가지였습니다. 하나는 내무반에 멋진 '크리스마스 트리'를 만드는 일이었습니다. 그런데 그 행사는 제목처럼 그리 낭만적인 행사만은 아니었습니다. 다른 내무반과 경쟁이 심했기 때문이었습니다. 당연히 무리수가 따르게 마련입니다. 어느 해에는 고속도로 톨게이트 주변의 전나무를 통째로 뽑아 오기도 했는데 즐거움만큼이나 후유증도 컸습니다. 그 만행이 적발된 것입니다. CCTV나 휴대폰도 없던 시절인데 누가 어떻게 알고 신고했는지 지금도 알 길이 없습니다. 백배사죄하고 다시 원위치 해놓아야 했습니다.

또 다른 이벤트는 '크리스마스 카드·엽서·편지 많이 받기' 시합입니다. 이것은 개인전으로, 크리스마스 카드나 편지를 제일 많이 받은 병사에게 특별휴가를 보내 주었습니다. 자세히 알아보면 좀더 흥미롭습니다. 12월 1일부터 12월 24일까지의 소인이 찍힌 것과 여자가 보내준 것만이 유효했습니다. 여자가 보냈는지 남자가 보냈는지 과연 구분이 가능한가요? 아무튼 군대 선배들은 이를 구분했습니다. 필체와 뉘앙스, 편지봉투를 보면 알 수 있다는 그들만의 방식으로 말입니다.

저는 곤란에 빠졌습니다. 편지를 보내줄 여성이라곤 여동생과 여동생 친구들 한두 명뿐이었기 때문입니다. 고참들은 남의 속사정도 모르고 저를 유력한 우승 후보로 지목했습니다. 대학에 다니다 왔기 때문이죠. 사실 저는 1학년을 마치고 부랴부랴 군대에 왔기 때문에 대학의 과料 동기 여학생들조차도 잘 모르는 상태였습니다.

걱정은 현실이 되었습니다. 여동생으로부터 카드가 달랑 하나 왔는데 거기에는 이런 글귀가 적혀 있었습니다.

오빠, 여러 사람 피곤하게 하지 말고 스스로 해결해.
메리 크리스마스!

우편물 집계상황은 일석 점호시간에 매일 공개되었습니다. 하위권 바닥에서 맴도는 나날이 계속되었습니다.

크리스마스가 점점 다가오면서 초조함은 더 심해져 갔습니다. 처음에는 저랑 맞지 않는 행사라고 외면하면서 자포자기하고 있었는데 분위기가 생각을 달리하게 만들었습니다. 매일매일 선두가 뒤바뀌면서 탄성과 환호 소리가 내무반을 가득 채웠습니다. 어느 날 하위권에서 빌빌대던 동기가 푸념 조로 말을 뱉었습니다.

"외출이라도 나가서 지나가는 사람들 붙잡고 호소라도 해야겠다."

정신이 번쩍 들더군요. 그 동기에게 좋은 아이디어이니 당장 실행하자고 했는데 그는 '쪽팔린다'며 포기했습니다.

고심 끝에 제가 실행한 아이디어는 다음과 같았습니다. 명함을 만들어 돌리자. 말이 명함이지, 사실은 명함 사이즈의 이면지 쪽지입니다. 거기에 자대 주소와 저의 이름을 적고 메시지도 넣었습니다.

고향의 부모님을 만나 보고 싶습니다.

외출을 나가 지나가는 여성들에게 이 명함을 건네면서 신신당부를 했습니다.

"이 주소로 크리스마스 카드 하나 보내 주세요."

선거철에나 볼 수 있는 그 모습처럼 말입니다.

효과는 대단했습니다. 실제로 엽서나 카드를 보내준 사람들이 기대 이상으로 많았습니다. 하루에 10통 이상의 우편물이 저에게 쏟아져 들어왔습니다. 결국, 저는 막판 대역전극을 완성하면서 그 행사에서 우승을 했습니다. 당시 행사를 주도했던 내무반장이 물었습니다.

"도대체 니 무슨 짓을 했노?"

2박 3일의 특별휴가가 부상으로 주어졌습니다. 막상 특박권을 받고 보니 고민이 되었습니다. 사실 저는 '이상한 군인'이라는 평을 들었습니다. 평소에 외출·외박도 잘 나가지 않았고 면회 오는 사람도 없었기 때문입니다. 아무튼 '부모님을 만나 보고 싶다'는 명함 메시지와는 달리, 휴가를 가고 싶은 마음이 생기지 않았습니다.

그런데 크리스마스 이벤트가 시작될 즈음인 12월 초에 신병이 한 명 전입해 왔는데 놀랍게도 애 아빠였습니다. 아기는 그가 논산 훈련소에서 훈련받을 때 태어났다고 했습니다. 그 신병은 틈틈이 눈물을 짜는 일이 많았습니다.

"아기가 보고 싶다. 마누라가 보고 싶다."

기가 막히기도 했지만 입장 바꾸어 생각해 보면 이해 못 할 바도 아니었습니다. 나이 들어 군에 온 것도 서러운데 마누라와 아기 모습이 눈에 선하니 어찌 눈물이 나지 않겠습니까? 저는 그 신병에게 특박권을 양보해 주면서 대단원의 크리스마스 이벤트를 마쳤습니다.

둘　방바닥 위의 쪽지
어머니의 손편지

엄마가 미안하다. 사정이 생겨서 어디 어디로 간다.
너를 누구 엄마에게 부탁해 놓았으니
당분간 그 집에 가 있어라. 곧 데리러 오마.

영화 〈덕혜옹주〉를 관람했습니다. '덕혜옹주'는
조선 왕실의 마지막 황녀로, 영화는 일제강점기에 그녀가 겪었던
비운의 삶을 다루고 있었습니다. 영화는 여러 인상적인 장면을
보여 주었는데 그중에서도 저는 '편지' 장면이 가장 기억에 남았
습니다. 덕혜옹주의 어머니인 귀인 양씨가 일본에 강제로 끌려간
덕혜옹주를 그리워하며 안부편지를 쓰는 장면입니다. 함께 영화
를 본 아내는 이 같은 제 의견에 예상 밖이라는 반응을 보였습니
다. 그러나 저는 13세의 어린 자식을 그리워하는 어미의 마음을
붓끝에 실어 한 글자 한 글자 써내려 가는 장면에서 저도 모르게
'편지'에 관한 추억이 오버랩되었습니다.

영화 〈친정엄마〉도 빼놓을 수 없습니다. 영화를 보면서 주책

없게도 여러 번 눈물을 흘리기도 했습니다. 여기서도 감정의 봇물은 바로 편지에서 터졌습니다. 딸 지숙이 기차 안에서 엄마의 편지를 읽는 장면이 나옵니다.

사랑하는 딸 지숙아, 딸은 떠나보낼 자식이라 마음이 짠한데 엄마가 늘 너한테 미안해.

제가 막 중학교 2학년이 되던 해의 3월 말 어느 토요일이었습니다. 오전 수업을 마치고 집에 온 저는 황당한 현실에 그만 얼이 빠지고 말았습니다. 늘 저를 반겨 주던 어머니와 두 동생이 보이지 않았기 때문입니다. 불길한 느낌으로 집 안 여기저기를 살펴보았지만 모든 것이 원래의 모습 그대로 있었습니다. 심지어 숟가락과 젓가락도 설거지 바가지 물속에 그대로 담겨 있었습니다. 어머니의 화장대에는 화장품이 가지런히 세워져 있었고 장롱 속의 속옷까지도 그대로였습니다. 빨랫줄에 널려 있는 빨래도 봄바람에 흔들리고 있었습니다.

그 와중에 라디오에서는 박상규의 〈조약돌〉이라는 노래가 흘러나오고 있었습니다. 노래 가사가 왜 그리도 슬프게 다가오는지 한동안 멍하니 앉아 있어야만 했습니다.

이슬이 눈물처럼 꽃잎에 맺혀 있고

모르는 사람들은 제 갈 길로 가는구나

노래가 끝나고 정신을 차려 보니 방바닥 한편에 손바닥만 한 크기의 쪽지 하나가 놓여 있었습니다. 바로 어머니의 쪽지편지였습니다.

둘째 보아라. 엄마가 미안하다.
사정이 생겨서 어디 어디로 간다.
너를 누구 엄마에게 부탁해 놓았으니 당분간 그 집에 가 있어라.
곧 데리러 오마.   — 엄마가

당시 저희 집은 어머니가 하던 일이 잘못되어 큰 곤경에 빠져 있었습니다. 어머니가 빚쟁이를 피해 동생들을 데리고 황망히 도망을 친 것입니다. 그렇게 어느 산골소년의 중 2 감수성은 모질게 찢겨 버리고 말았습니다. 40년을 훌쩍 넘긴 지금도 그날 그 장면은 여전히 저를 슬프게 합니다.

편지에 관련된 이야기를 접할 때마다 어머니의 그 손편지를 생각하곤 합니다. 그때 그 편지를 써야 했던 어머니의 심정은 어땠을까요. 자식 하나를 마치 볼모처럼 남겨 두고 도망쳐 버린 셈이었으니 말입니다. 홀로 남는 자식에게 한마디 말도 전하지 못했으니까요. 얼마나 다급했기에 라디오도 끄지 못하고 떠나야

했을까요.

아쉽게도 어머니가 남겨 놓은 손편지는 지금 제 수중에 없습니다. 저는 고등학교 진학과 함께 청주로 나갔는데, 그때 짐 정리를 하다가 그만 그 편지를 분실한 것입니다. 몇 번이고 찾았으나 결국 찾지 못했습니다. 편지에 관한 글을 쓸 때면 그 아쉬움이 더욱 크게 느껴집니다.

오랜만에 삼청동에 있는 갤러리를 찾았습니다. 세계적인 메이킹 포토(연출 사진, 미장센 포토)의 거장 베르나르 포콩Bernard Faucon의 전시를 보러 가기 위함이었습니다. 특히, 동영상 자서전이 눈에 띄었습니다. 〈나의 길〉이라는 제목이었는데, 자동차 앞 유리 와이퍼에 카메라를 부착해 세계 곳곳의 길을 찍고 거기에 자신의 메시지를 담은 작품입니다. 마치 한 편의 긴 영상시를 감상하는 듯한 느낌이 들었습니다.

아침 7시, 어머니가 부른다. "베르나르." 잠에서 깨어 단호하게 큰 소리로 두세 번 "예" 하고 대답하다가 그것이 꿈이었다는 사실을 받아들인다.

"베르나르" 하는 소리와 음색은 줄곧 내 안에 간직해온 것처럼 정확히 기억한다. 경고하는 어투나 비난하는 어감이 전혀 없다. 침대에서 뒹구는 아이에게 하는 꾸지람 같은 것도 아니다. 다정하지도 상냥하지도 않았다. 아주 짤막한 "베르나르, 일어나" 하는 부름은 삶에서 나를 가르치고 나에게 꿋꿋함과 긍지를 심어 주고 나의 인성을 만들어 주었다.

메시지를 접하는 순간 '이거다' 하는 생각이 스쳐 지나갔습니다. 어머니의 편지가 생각났기 때문입니다. 저도 그랬습니다. 어머니와 동생이 떠난 뒤로 "얘, 일어나" 하며 저를 깨우는 어머니를 꿈속에서 많이 만났던 것입니다.

저는 그때 이후 부모님과는 함께 지내지 못하고 어른이 되고 결혼을 했습니다. 결과적으로 일찍 독립한 계기가 된 것입니다. 성장기에 힘이 들 때면 어머니의 손편지를 떠올리곤 했습니다. 어머니께서는 저를 낳으시고 어머니의 손편지는 저를 만들었습니다.

셋　　할머니와 도시락

불혹에 쓴 사연

그럴 때마다 할머니는
긴 담배 곰방대로 연기를 뿜어내며
혼잣말로 중얼거리셨습니다.

이른바 불혹不惑이라는 나이가 되었을 때의 일입
니다. 의문이 생기더군요. 왜 40세를 불혹이라고 했을까? 물론
공자님 시대와 오늘날을 단순비교하기가 무리라는 것은 잘 알고
있습니다. 그럼에도 불혹은 고사하고 온갖 유혹에 눈과 귀가 쉽
게 돌아가는 제 모습 때문에 깊은 자괴감이 들더군요. 그래서 그
런가요? 당시 양희은의 노래 〈내 나이 마흔 살에는〉을 무척이나
많이 듣곤 했습니다. 또한 일요일에는 MBC 라디오 〈여성시대
양희은 송승환입니다〉를 틀어 놓고 위로를 구하기도 했습니다.
그만큼 마음이 불혹하지 못했던 모양입니다.

라디오에서 이런저런 사람 사는 이야기를 듣다 보니 저도 '방송

국에 투고해 보자'는 생각이 들었습니다. 그런데 막상 글을 쓰려고 하니 앞이 캄캄해지고 무엇을 써야 할지 모르겠더군요.

그러던 중 집에서 작은 사건이 하나 일어났습니다. 식사 도중에 딸아이의 밥에서 머리카락 한 올이 섞여 나온 것입니다. 장모님은 어쩔 줄 몰라 하고 딸아이는 요란법석을 떨었습니다. 작은 사건이라고 표현했습니다만, 사실 '밥 속의 머리카락'은 저에게 가슴 아픈 '흑역사' 하나를 떠오르게 하는 일종의 '트라우마'trauma (정신적인 외상)였습니다.

흑역사의 아픈 추억이 좋은 사연이 될 듯싶어서 열심히 글을 써서 〈여성시대〉에 보냈습니다. 결과가 궁금하다고요? 아쉽게도 채택되지 못했습니다. 처음에는 몹시 서운하더군요. 그러나 채택 여부와 상관없이 편지를 쓴 효과는 크게 나타났습니다. 편지를 쓰고 보내기까지 하고 나니 마음속이 맑아졌습니다. 정확히 무엇 때문에 그런 효과가 생겼는지는 모르겠지만 넓은 의미로 글쓰기 치유의 효과인 것 같았습니다. 이 짧은 글을 쓰는 데에도 몇 번이나 그때 그 시절로 오고 가기를 반복해야 했는데 아마 그것이 정화수로 작용했나 봅니다.

나중에는 문제의 그 사연편지를 A4 용지에 출력해 슬그머니 책상 위에 올려놓기도 했습니다. 아빠의 고생담(?)이 아이들에게 뭔가 교육적인 메시지가 될 수 있지 않을까 하는 기대감 때문이었습니다. 아이들이 실제로 그 편지를 보았는지는 잘 모르겠습니다. 아무튼 저는 그 편지를 계기로 다시 마음을 다잡고 가정과 직장에서 열심히 40대의 생활을 할 수 있었습니다. 그래서 저에게는 잊을 수 없는, 무척 고마운 편지입니다.

양희은, 송승환 님. 안녕하세요.
저는 장인어른, 장모님, 중학교 2학년 딸아이, 초등학교 4학년 아들, 직장에 다니며 맞벌이를 하는 아내, 이렇게 6명의 가족이 함께 살아가는 40대 중반의 정말로 행복한 한 가장家長입니다.

가을이라서 그런가요. 괜히 그냥 사는 얘기 하나 써보고 싶어지더군요. 막상 써놓고 보니 어디론가 보내고 싶어지고 … . 그래서 일요일 오전에 자주 듣는 〈여성시대〉에 이렇게 편지를 보내 봅니다. 물론 양희은 님, 송승환 님의 '왕팬'이기 때문이기도 하구요(사실 써놓고 보니 보낸 것이 아니라 투고를 염두에 두고 썼다).
  그리 많은 나이도 아닌데 인생 이야기 운운해서 송구합니다. 저는 제가 아직도 한창 청년이라고 생각하는데 종종 "아! 나도 이제 나이를 먹었구나!" 하며 스스로 놀라는 감정과 마주치곤 합니다. 그중 하나로, 커가는 아이들의 나이에 자꾸만 저의 어린 시절의 나이를 대입하면서 과거를 추억하고 향수하곤 합니다. "내가 초등학교 4학년 때는 … 내가 열다섯 살 때는 … " 하면서 말입니다. 특히, 술을 한잔하고 나면 더욱더 그러합니다. 저만 그런 것이 아니라 아마도 대부분의 사람들이 저와 같은 경험을 하겠죠?

하루는 딸아이가 식사시간에 야단법석을 떨며 짜증을 냈습니다. 다름 아닌 밥 속에서 머리카락이 하나 나온 것입니다. 장모님은 마치 큰 죄를 지은 사람처럼 연신 미안하다고 하면서 딸아이를 달랬습니다. 이를 지켜보던 제가 한마디 했습니다.

"할머니께서 눈이 어두우시니까 그럴 수 있다. 뭘 그런 걸 가지고 그러느냐."

그런데 딸아이를 타이르고 나니 문득 제 중학교 2학년 때의 추억 하나가 떠올랐습니다.

그러니까 꽤 오래전인 1975년 시절입니다. 저는 충청북도 청주에서 할머니와 함께 살면서, 청원군 소재의 한 중학교에 시외버스로 통학했습니다. 말 못 할 집안 사정이 있었기 때문입니다. 지금이야 30분 정도 걸리는 거리지만 당시에는 비포장국도여서 약 3시간 가까이나 걸리는 거리였습니다. 시외버스 터미널까지 나오는 시간을 감안하면 새벽 4시에 집을 나서야 겨우 지각을 면할 수 있는 힘겨운 통학 생활이었습니다.

시골 중학교에 매점 하나 있을 리 없던 그때는 도시락이 먹을 것의 전부였습니다. 먼 거리를 통학하는 손자가 늘 안쓰러웠는지 할머니는 도시락에 밥을 꾹꾹 눌러 담아 주셨습니다. 도시락밥이 아니라 차라리 네모난 찰떡이라고 부르는 편이 더 어울렸습니다. 그것도 매일 2개씩 싸주셨습니다.

그런데 늘 그 도시락이 문제였습니다. 할머니의 정성이 담긴 도시락을 먹는 점심시간은 저에게는 즐거움보다는 불안감을 더 많이 안겨 주었습니다. 이틀이 멀다 하고 도시락에서 나오는 할머니의 긴 머리카락 때문이었습니다. 할머니는 당시 비녀를 꽂으셨는데 그 머리가 얼마나 길었겠습니까? 주위 친구들 몰래 빼내려 해도 너무 길어서 잘 나오지도 않았습니다. 상황이 이러하니 주변 친구들 눈치를 보며 그 도시락을 먹는 것은 고역과도 같았습니다.

한번은 도시락에서 머리카락을 빼내는데 그 장면을 본 한 친구가 뭐라고 중얼거리더군요. 창피해서 그랬는지 순간적으로 울컥해서 그 친구를 두들겨 패주기도 했습니다. 그러고 나서 교실 밖으로 나가 눈물을 흘리기도 했습니다. 나중에는 겁이 나더군요. 그놈의 머리카락 또 나올라 …… .

할머니에게 머리카락이 자주 나온다며 불평하고 도시락을 집에 두고 가기도 했습니다. 물론 그날은 온종일 굶어야 했습니다. 그럴 때마다 할머니는 긴 담배 곰방대로 연기를 뿜어내며 혼잣말로 중얼거리셨습니다.

"나이 들면 죽어야지 귀신은 왜 나를 안 잡아가나."

그러면 저는 "잘못했습니다" 하면서 할머니의 깊게 주름 팬 볼을 두 손으로 비비며 울곤 했습니다. 그러면서 할머니의 손자 사랑을 온몸으로 느꼈습니다.

할머니의 '사랑이 담긴' 머리카락 도시락을 먹으며 나름 열심히 공부했습니다. 어린 마음에도 할머니에게 뭔가 보답하고 싶었던 모양입니다.

할머니의 정성 덕분인지 이른바 지방 명문고등학교를 거쳐서 서울로 유학 와서 나름 좋다는 대학교를 나왔고, 지금 나름 좋다는 직장에 다니고 있습니다. 고등학교, 대학교 진학 시 합격자 발표가 나던 날 저보다도, 부모님보다도 할머니께서 더 기뻐하셨던 모습이 지금도 눈에 선합니다.

할머니 생각이 날 때 서울 출신인 아내에게 이 이야기를 한 적이 있습니다. 비슷한 나이인데 무슨 조선 시대에 학교를 다녔느냐고 공감하기 어렵다며 고개를 젓습니다. 그러나 그 당시 시골에는 저처럼 할머니와 같이 도청 소재지로 유학 와서 자취하는 학생이 많았습니다. 아마 그분들이 이 이야기를 들으시면 그 시절이 생각날 것입니다.

할머니가 돌아가신 지도 10년이 넘었습니다. 이제 어머니가 할머니로, 제가 아버지가 된 지금, 딸아이가 만든 식탁에서의 머리카락 에

피소드로 인해 오직 손자 사랑에 요즘 말로 '올인'하셨던 저의 할머니를 그리워하게 될 줄은 미처 몰랐습니다. 요즘 외할머니의 사랑을 먹고 자라는 딸과 아들에게 직접 이야기하렵니다.

"머리카락 하나 나올 수 있는 것이다. 그보다 맞벌이하는 엄마 대신 따스한 아침과 저녁을 해주시는 외할머니의 정성에 더 호들갑을 떨어라"라고 말입니다.

하늘에 계신 할머니, 늘 그립고 감사합니다.

넷　편지 좀 써주세요
편지 대필작가

그 고참이 어느 날 저를 조용히 불렀습니다.
드디어 올 것이 왔다고 몹시 긴장해 있었는데
뜻밖의 부탁을 해왔습니다.

KBS 미디어 센터에서 대학생들에게 '콘텐츠'에 관한 강의를 한 적이 있습니다. 그 자리에서 저를 '편지 좀 쓰는 사람'이라고 소개했는데, 대뜸 학생들이 이런 질문과 조언을 함께 던지더군요.

"선생님, 편지 대필작가예요?"

"영화〈그녀〉의 그 남자도 편지 대필작가던데 참고해 보세요."

그렇습니다. 영화〈그녀〉Her는 개봉 당시에 매스컴으로부터 '가장 독창적인 로맨스 영화'라는 호평을 받은 바 있는데, 남자주인공인 테오도르의 직업이 바로 편지 대필작가입니다. 다른 사람을 대신하여 편지를 써주는 일을 하죠. 그러나 주인공은 남을 위한 편지는 따뜻하고 행복한 마음을 담아 능숙하게 잘 써내지만, 정작 자신은 감정 표현이 서툴러 아내와 이혼 위기에 처한 외로운 남자입니다. 결국, 그는 인공지능 운영체제OS 애인인 '사만다'와 사랑에 빠지고 맙니다. 대필작가도 정작 자신의 편지는 잘 쓰지 못하는가 봅니다.

주변을 잠시 둘러보면 편지 대필작가(?)를 경험한 사람이 의외로 많다는 것을 알 수 있습니다. 물론 저도 그중 한 사람입니다.
지금 기억하자면 자대에 배치된 지 약 3개월 정도 된 때인 듯합니다. 일병 고참 한 사람이 있었는데 한마디로 '포스'가 장난이 아니었습니다. 만일 그에게 잘못 보여 미운털이라도 박히면 앞으로의 군대 생활이 새까맣게 될 것이 뻔해 보였습니다. 그 고참이 어느 날 저를 조용히 불렀습니다. 드디어 올 것이 왔다고 몹시 긴장해 있었는데 뜻밖의 부탁을 해왔습니다.
"연애편지 좀 써주라."
사귀는 여자가 있는데 그녀의 마음이 변했는지 편지를 보내도 답장이 오지 않는다는 하소연이었습니다. 이러다가는 탈영할 것 같다는 심정이라고도 했습니다. 그의 말이 저에게는 하소연이 아닌 일종의 협박으로 들렸습니다.

가끔 TV 드라마에서나 볼 수 있는 상황이 저에게도 일어났다고 생각하니 묘한 느낌마저 들더군요. 왜 저에게 그런 부탁을 했는지 정확한 이유는 모르겠지만 아마도 대학을 다니다 왔다니까 글 좀 쓰겠거니 해서 저를 선택한 것으로 추측해볼 뿐이었습니다. 태어나서 그렇게 방대한(?) 자료와 인터뷰 내용을 가지고 그렇게 공을 들여 편지를 쓰기는 처음이었던 것 같습니다.

군대 생활이 잘 풀리려는지 고참의 그녀로부터 답장이 왔습니다. 실제로 그 이후에 고참과 그녀와의 관계가 어떻게 진행되었는지는 정확히 알 수 없었지만 함께 있을 동안 그 고참은 정말로 저에게 친형님처럼 잘 대해 주었습니다. 저는 6개월 뒤에 다른 부대로 전출을 해서 그 고참과는 다시는 만날 수 없었는데, 편지 이야기가 나오면 자주 생각나곤 합니다.

또 하나의 경우는 대학 시절 아르바이트를 할 때였습니다. 여행사의 '여름 성수기 해수욕장 현장소장' 아르바이트였습니다. 지금도 그 여행사의 관광버스를 볼 수 있는데, 그럴 때마다 옛날 생각에 잠기곤 합니다. 제가 맡은 일은 경포해수욕장 옆에 임시로 개설한 사천해수욕장에서 1개월간 현장소장의 업무를 수행하는 일이었습니다. 말이 현장소장이지, 하는 일은 간단했습니다. 서울에서 오는 손님을 마중하여 안내해 주고 서울로 올라가는 손님을 다시 배웅해 주는 일이었습니다.

하는 일은 간단했는데 숙식 문제가 고민이었습니다. 아르바이트 조건으로, 숙식은 스스로 해결해야 했기 때문입니다. 며칠간은 풍찬노숙風餐露宿 하듯 지냈습니다. 한편, 마을 이장님 댁이 해수욕장 본부이자 관광버스 손님이 내리고 오르는 정류장 역할도 했습니다. 어느 날 이장님의 사모님이 저에게 집에 방이 하나 비어 있으니 일단 거기서 지내라는, 예수님 같은 말씀을 했습니다. 나중에 알고 보니 아들뻘 되는 제가 타지에 와서 고생하는 모습이 딱해 보여 그랬다고 하더군요. 저는 속으로 얼씨 좋다고 하면서 단숨에 이장님 댁으로 짐을 옮겼습니다.

이장님 댁의 빈방이라던 그곳은 실제로는 빈방이 아니었습니다. 아들 방인데 집에 자주 안 들어오니 빈방이나 마찬가지라는 이야기였습니다. 이틀 동안은 혼자 편히 지냈는데 그다음 날 그 집 아들, 즉 방 주인과 마주쳤습니다. 깜짝 놀랐습니다. 한 명이 아니라 잘생긴 두 명의 쌍둥이였던 것입니다. 강릉농고를 다닌다는 그 쌍둥이는 구릿빛 피부에 일견 운동선수 같아 보였습니다. 자신들을 축구선수라고 소개했는데, 축구를 좋아하는 건지 실제로 축구선수였는지는 지금도 잘 모르겠습니다.

남자 세 명의 불편한 동거가 이어지던 어느 날, 쌍둥이 형제가 조심스럽게 말을 걸어왔습니다. 강원도 사투리가 그렇게 재미있고 정감이 있는 말인 줄 그때 처음 알았습니다.

"대학생이라면서요?"

"그러면 미팅도 많이 하고 여자도 많이 만나겠네요?"

뭐 이런 이야기를 하더니, 진지한 부탁이라며 이런 말을 툭 던졌습니다.

"형, 편지 좀 써주세요."

그 쌍둥이 동생들의 사정도 군대 시절 고참의 경우와 마찬가지였습니다. 여자친구들에게서 어떠한 반응도 없다는 하소연이었습니다. 역시 많은 생각을 해가며 정성스럽게 연애편지를 써주었습니다. 실제로 쌍둥이 형제가 여자친구들로부터 답장을 받았는지는 알려 주지 않아 잘 모르겠지만 아마도 받았을 거라는 짐작은 했습니다. 왜냐하면 그 이후로 우리 세 남자는 친형제처럼 잘 지냈기 때문입니다. 비록 한 달이라는 짧은 시간이었지만 말입니다. 만일 쌍둥이의 그녀들에게서 답장이 오지 않았다면 만들어질 수 없는 분위기였지요.

이러한 편지 대필작가의 경험이 있어서였을까요? 제가 아내와 결혼할 수 있게 된 결정적 역할을 한 것도 바로 '편지'였습니다.

다섯 기다림의 미학
운명적인 쪽지편지

그러던 어느 날 커피숍에 있는 냅킨에
이른바 '기다리고 있는 심정'을
글로 적어 보았습니다.

1988년이 88올림픽으로 대한민국에 역사적인
해였다면, 저에게는 그다음 해인 1989년이 역사적인 해에 해당
합니다. 제가 이른바 연애라는 것을 시작했기 때문입니다. 이전
까지는 짝사랑에만 익숙했지, 연애를 해 보지 못했던 터였습니
다. 연애의 사각지대, 연애는 사치다, 뭐 이런 말들을 읊조리고
다닐 뿐이었습니다.

"소개팅 안 할래?"

같은 과科 여자 동창이 괜찮은 친구라며 만남을 주선해 주었습
니다. 첫 만남에서는 이유도 모른 채 보기 좋게 딱지를 맞았습니
다. 1년여의 관찰과 기다림 끝에 다시 도전하여 가까스로 그녀와
의 만남을 시작했습니다. '응답하라, 1989'.

지금 생각해 보면 휴대전화나 이메일 같은 것이 없던 그 시절에 어떻게 연애를 할 수 있었는지 신기하기까지 합니다. 그러나 저에게는 오히려 그런 시절이라서 연애도 하고 결과적으로 결혼도 할 수 있었다고 생각합니다. 좀더 구체적으로 말해 저의 성공적인 연애에는 2가지 요소가 결정적 역할을 했습니다. 하나는 술이고, 또 다른 하나는 쪽지편지였습니다. 무슨 말이냐고요?

　　연애 초반, 그녀와 함께 도봉산으로 산행을 간 적이 있었습니다. 말이 산행이었지, 산에는 오르지 않고 입구 잔디밭에서 막걸리를 마셨습니다. 그러다 사단이 발생했습니다. 귀가를 위해 시내로 들어가는 간선버스를 탔는데, 거기에서 저의 돌출행동이 발생한 것입니다. 버스 앞에서 마이크를 잡고 승객들 앞에서 그녀에 대한 사랑을 고백했습니다. 지금 생각해 보아도 뻔뻔하기 그지없는 행동이었습니다. 예상외로 승객들은 손뼉을 치며 응원해 주었습니다.

　"멋있다!"

　"여자친구분 예쁘네요."

　　요즈음 같으면 즉시 경찰서에 넘겨질 일입니다. 그녀의 반응이 어떨지 몰라 많이 걱정했는데, 취중진담이 통했는지 그 일을 계기로 서로 더욱 가까워지게 되었습니다. 술로 인한 버스 안 돌출행동이 제 연애 프로젝트를 성공으로 이끈 결정적인 돌파구였던 셈입니다.

다음은 편지 이야기입니다. 그녀에게 쪽지편지를 썼기 때문입니다. 대단한 편지도 아니고 겨우 쪽지편지를 가지고 무슨 요란이냐고 핀잔을 줄 수도 있습니다. 그러나 저에게는 운명적인 쪽지편지였습니다.

사실 처음부터 편지를 쓰려고 했던 것은 아닙니다. 그녀와의 만남을 시작하면서부터, 약속한 날이 되면 어김없이 '기다림'을 감수해야만 하는 이상한 관례가 생겨 버렸습니다. 약속에 대한 인식차이 때문일까요? 저는 약속시각에 매우 민감해서 약 30분 전에 미리 도착해 기다리는 습관이 있었습니다. 그런데 그녀는 매번 일관되게 30분 늦게 도착하는 것이었습니다. 자연스럽게 '1시간의 기다림'이 생긴 배경입니다. 처음에는 "이제 그만 헤어져 줄래?"라는 메시지가 아닌가 생각해 보기도 했습니다. 나중에 확인해 보니 슬프게도 그런 의도가 아주 없었던 것은 아니었습니다. 이렇게 해서 저는 그녀를 만날 때마다 '1시간의 홀로 아리랑'을 불러야 하는 슬픈 베르테르가 되어야만 했습니다.

그 시절에는 상대방이 약속시각에 제때 나타나지 않아도 연락을 취할 방법이 별로 없었습니다. 발만 동동 굴러야 했죠. 처음에는 무슨 사정이 있겠거니 합니다. 그래도 오지 않으면 화가 납니다. 그다음에는 무슨 사고라도 생긴 걸까 걱정을 하고, 혹시 약속 장소나 시간이 잘못된 것은 아닌가 하는 등 별의별 생각을 다 하게 됩니다. 너무 '순진남'의 모습이라고요? 그때는 대부분의 연애 모습이 그랬을 것입니다.

자연스럽게 기다림에 대처하는 방법을 찾게 되었습니다. 책도 읽고 밀린 업무를 생각하기도 하고 하루의 정리도 합니다. 그러던 어느 날 커피숍에 있는 냅킨에 이른바 '기다리고 있는 심정'을 글로 적어 보았습니다. 물론 그녀에 대한 찬사로 내용을 가득 채웠지만 마음속에는 상습적인 지각에 대한 분노(?)가 자리 잡고 있었습니다. 제 스스로도 이상한 글이라고 생각했습니다만 그때는 제가 일방적으로 좋아하던 입장이라 어쩔 수가 없는 노릇이었습니다. 데이트가 끝나고 헤어질 때마다 그녀에게 글이 적힌 냅킨을 건네주었습니다. 이른바 '냅킨 쪽지편지 캠페인'의 시작이었습니다.

그녀는 변함없이 약속시각에 늦게 나타났습니다. 편지도 그만큼 많이 써야 했습니다. 그녀 또한 그만큼의 많은 편지를 받아야 했습니다. 나중에는 오히려 편지를 많이 쓸 수 있어서 좋았다는 비굴한 고백을 하기도 했습니다. 좋기는커녕 화를 냈어야 했는데 말입니다. 이러한 고민을 남들에게 하소연해 보니 "그게 사랑이야"라는 철학적 답변만 들려오더군요.

쪽지편지를 쓰는 일이 많아지다 보니 편지의 작품성(?)도 고려하게 되었습니다.

"기왕 쓰는 거 멋지게 잘 쓰자."

그다음 해 어느 날인가 황지우 시인의 〈너를 기다리는 동안〉이라는 시를 읽으면서 제 편지의 저렴한 표현력을 절감하며 우울해한 적도 있었습니다.

사랑하는 이여 / 오지 않는 너를 기다리며 / 마침내 나는 너에게 간다… // 남들이 열고 들어오는 문을 통해 / 내 가슴에 쿵쿵거리는 모든 발자국 따라 / 너를 기다리는 동안 나는 너에게 가고 있다

놀랍게도 아내는 그때 받은 쪽지편지를 차곡차곡 잘 보관해 두고 있습니다. 제 마음을 받아준 결정적인 계기도 다름 아닌 그때 쓴 편지였다고 하더군요.

세월이 흘러 아이들이 엄마·아빠의 쪽지편지를 보고 한마디 했습니다.

"닭살이다."

그녀를 기다리며 쓴 쪽지편지.
그녀는 정성껏 편지 모두를 간직했다.
그녀는 지금의 아내다.

여섯 아버지와 청계천 그리고 자전거
편지와 답장

"그때 힘드시지 않았어요?"
"힘들긴. 그냥 산을 훌쩍 넘어왔는데 … ."

어느 날 오후에 카카오톡 메시지 하나를 받았습니다. 친구가 보내준 것인데 아버지와 함께했던 가슴 찡한 추억이야기를 담고 있었습니다. 어린 시절, 친구 아버지는 월급날 즈음이 되면 친구를 청계천의 허름한 헌책방으로 데려갔다고 합니다. 큰 서점에서 새 책을 사줄 만큼의 집안 형편이 안 되었기 때문이었습니다.

친구는 그 당시 비록 물질적으로는 가난했지만 아버지와의 청계천 책방 동행은 즐거운 가족 나들이였다고 적고 있었습니다. 그가 생각의 힘을 기르고 지금도 생각하며 살 수 있는 사람이 된 것은 그렇게 책과 함께 지낸 시간 덕분이라고 했습니다. 그래서 그에게는 '청계천이 곧 아버지'이며 그런 추억을 만들어준 아버지에게 진심으로 감사하다는 내용이었습니다.

친구의 글을 읽는 내내 가슴을 저미지 않을 수 없었습니다. 고향에 계시는 구순九旬의 제 아버지가 생각났고 아버지와 함께했던 어린 시절의 아련한 추억들이 스쳐 지나갔기 때문입니다. 펜을 들어 글을 써야만 했습니다. 그리고 좋은 글을 전해준 친구에게 다음과 같은 답장을 보냈습니다. 이렇듯 디지털 매체인 카카오톡에도 편지의 의미는 생생하게 살아 있는 것 같습니다.

친구에게

내가 초등학교 5학년 때, 우리 가족은 예전에 경험하지 못했던 낯선 환경에 적응해야 했다. 초등학교 교사였던 아버지가 전근을 가셨기 때문이다. 아버지의 새로운 근무지는 괴산군 청천면 덕평리에 있는 학교였는데 '벽지'僻地라는 수식어가 따라붙었다. 이른바 문화나 문명의 혜택을 받지 못하는 궁벽한 지역에서 교육을 실시하는 학교다. 사람들은 말했다.

"아이쿠, 거기는 산골 중에서도 산골이여."

안타깝게도 아버지는 그곳에 혼자 가셨다. 어머니와 우리 네 남매는 사정상 아버지와 함께 가지 못하고, 살고 있었던 청원군 미원면에 남았다. 아버지가 전근을 가신 그곳과는 약 70리 가까이의 거리를 두고 있는 곳이다. 졸지에 주말 가족이 된 것이다.

아버지께서는 매주 토요일 하루도 빠짐없이 가족을 보러 오셨다. 오실 때는 자전거를 타고 오셨다.

"힘들게 왜 자전거를 타고 오세요?"

아버지는 산간벽지라서 대중교통편이 열악하니 차라리 자전거가 편하다고 말씀했다. 그 시절 그 70리 길은 당연히 비포장도로였다. 산을 넘고 물을 건너고 오르막과 내리막이 연달아 이어지는 꼬불꼬불 굽이굽이 험한 길이었다.

이효석의 소설 《메밀꽃 필 무렵》에도 70리 길이 나온다. 봉평에서 대화까지의 길인데, 한국 문학사상 가장 아름다운 길로 꼽는다.

"이지러는 졌으나 보름을 갓 지난 달은 부드러운 빛을 흔붓이 흘리고 있다. 대화까지는 칠십 리의 밤길, 고개를 둘이나 넘고 개울을 하나 건너고 벌판과 산길을 걸어야 된다. 길은 지금 긴 산허리에 걸려 있다. 밤중을 지난 무렵인지 죽은 듯이 고요한 속에서 짐승 같은 달의 숨소리가 손에 잡힐 듯이 들리며, 콩 포기와 옥수수 잎새가 한층 달에 푸르게 젖었다. 산허리는 온통 메밀밭이어서 피기 시작한 꽃이 소금을 뿌린 듯이 흐붓한 달빛에 숨이 막힐 지경이다."

형과 나 그리고 동생, 숯처럼 새까맣게 그을린 촌놈 삼 형제는 매주 토요일 오후 5시에서 6시 사이에 집 앞 신작로에서 산짐승처럼 어슬렁거렸다. 아버지를 기다리는 것이었다. 깊은 산과 또 다른 깊은 산

사이에 숨어 있는 시골길은 가는 실선같이 희미하다. 우리는 아버지가 오는 방향을 보고 또 보고 하염없이 쳐다본다. 아버지가 오는 모습을 놓칠까 걱정되어 그 작은 눈을 부릅뜨면서 말이다. 삼 형제는 저 앞에서 무엇이 나타나기만 하면 괴성을 지르며 앞으로 내달렸다.

"아버지다!"

그리고 금세 풀이 죽어 되돌아오길 반복했다. 버스 또는 트럭이 비포장도로 위에 흰 먼지를 일으키며 가뭄에 콩 나듯이 지나갔다. 오히려 소달구지가 더 많이 지나가곤 했다. 우리 삼 형제는 앞으로 돌멩이를 던져 대며 심술을 부렸다. 우리 아버지는 언제 오시나.

얼마를 기다렸을까? 저 멀리에서 우리 쪽을 향해서 다가오는 점 하나를 발견한다. 예의 그 자전거를 타고 오시는 우리 아버지다. 삼 형제는 마치 올림픽 육상 달리기를 하듯이 앞다퉈 아버지에게로 달려갔다.

아버지와 삼 형제는 아버지의 자전거를 앞세우고 마치 개선장군이나 된 것처럼 대문을 열고 집 안으로 들어선다. 어린 막내 여동생 손을 잡고 기다리던 어머니는 자전거 조심하라며 어색한 말을 한다. 물론 눈을 흘기듯이 하면서 아버지와 시선을 교환한다. 어린 눈에 보인 아버지와 어머니의 눈인사 모습이 어제 일처럼 아직도 눈앞에 생생하다. 어느새 된장찌개가 펄펄 끓고 집안은 구수한 냄새로 가득해진다. 아버지의 자전거가 만들어낸, 참 행복했던 어린 시절 추억이다.

내가 고등학교에 입학하면서 아버지의 그 자전거를 이어받았다. 다름 아니라 그 자전거를 타고 등·하교를 한 것이다. 고등학교를 다니던 1970년대 후반은 자전거가 학생의 주요 등·하교 교통수단이었다. 자전거 행렬은 청주의 독특한 도시 풍경 중 하나였다. 어디 청주뿐이겠는가. 당시 상당수의 중소 도시에서는 자전거가 가장 사랑받는 자가 교통수단이었을 것이다.

자전거를 타고 학교를 오가면서 종종 아버지 생각을 했다. 아버지는 그 험하고 먼 길을 오시면서 어떤 생각을 하셨을까? 세월 지나 생각해 보니 내가 질풍노도의 청소년기를 그런대로 넘길 수 있었던 것은 자전거를 타고 오시던 아버지의 모습 덕분이었던 것 같다.

많은 세월이 흘렀다. 경기도 청평의 어느 펜션에서 아버지 구순 생신 모임을 가졌다. 해마다 아버지의 생신 모임을 맞는 마음이 애잔하다. 연세도 연세지만 아버지의 겉모습이 하루하루 달라 보이기 때문이다. 그해는 유독 팔과 다리의 불편함을 많이 보이셔서 가족 모두의 마음을 아프게 했다.

그렇지만 분위기는 살려야 했다. 옛날이야기 등 이런저런 이야기를 하며 즐거운 시간을 보내고 있던 중에 펜션 관리인 아저씨가 우리 숙소를 찾아왔다. 우리가 노래방 기계가 작동되지 않는다고 항의했던 터였다.

그런데 그 아저씨가 낡은 자전거를 타고 왔다. 그 자전거를 보자

추억의 필름이 토요일마다 자전거를 타고 오셨던 아버지의 모습에서 정지해 버렸다. 나는 아버지에게 물어보았다. 그리고 아버지는 말씀하셨다.

"그때 자전거 타고 오시느라 힘드시지 않았어요?"

"힘들긴 뭐가 힘들어. 그냥 산을 훌쩍 넘어왔는데 … ."

아버지가 오래오래 건강하셨으면 좋겠다.

'청계천과 아버지'에 '자전거와 아버지'로 답하다.

좋은 글 감사. 친구 정웅 보냄.

3월을 열흘 앞둔 시점의 어느 날, 아버지가 자전거를 타고 오가셨던 그 길을 아버지처럼 자전거를 타고 답사에 나섰습니다. 성지 순례하는 마음이란 이런 것이구나 하는 생각이 들었습니다.

별의별 생각이 다 들더군요. 우선, 많은 것이 변했습니다. 흙먼지 날리던 비포장도로가 말끔한 아스팔트도로로 변했습니다. 가파른 고갯길도 꼭대기 부분을 어떻게 쳐냈는지 오르기 완만한 길로 바뀌었습니다. 뱀처럼 구불구불하던 그 길도 일직선의 길로 변했습니다.

그러나 여전히 변치 않은 것도 있을 것입니다. 산과 나무, 구름과 꽃 그리고 바람, 졸졸 흐르는 시냇물은 예전 그대로의 모습일 것입니다. 그리고 가족만을 생각했을 아버지의 마음까지 말입니다. 다시금 깊고도 깊은 아버지의 마음에 머리를 숙인 값진 체험이었습니다.

아버지 눈에는 눈물이 보이지 않으나 / 아버지가 마시는 술에는 항상 / 보이지 않는 눈물이 절반이다. / 아버지는 가장 외로운 사람이다. / 아버지는 비록 영웅이 될 수도 있지만 …… // 폭탄을 만드는 사람도 / 감옥을 지키던 사람도 / 술 가게의 문을 닫는 사람도 / 집에 돌아오면 아버지가 된다.　　　　　　　　 — 김현승, 〈아버지의 마음〉

일곱 **늘 건강하시길 바랍니다**
13층 아주머니께

손주들이 아주 좋아하더군요.
그런데 왜 그 좋은 선물을 저에게 주셨습니까?
살면서 이런 선물을 처음 받아 봤습니다.

저는 이른바 아침형 인간입니다. 특별한 경우를 제외하고는 규정시각보다 1시간 정도 이른 시각에 움직이는 편입니다. 당연히 출근시간도 빠릅니다. 이러한 시간 동선을 가지면 어느 일정 시간대에 자주 마주치는 사람들이 있게 마련입니다. 예를 들면 출근할 때 아파트 엘리베이터에서 만나는 사람은 늘 몇몇의 같은 사람입니다. 회사에서는 사무실을 청소하는 청소 도우미 아주머니들이 그들입니다.

도우미 아주머니들은 주로 화장실, 복도, 휴게실, 직원 사무실, 회의실, 임원실 등을 청소하는 일을 하십니다. 저는 당시 회사건물 13층의 임원실에서 일하고 있었습니다. 동분서주하느라 사무실이 늘 지저분하게 어질러진 상태로 퇴근하기 일쑤였습니다. 그런데 아침이면 사무실이 마치 화장을 한 것처럼 곱게 정리되어 있었습니다. 깨끗하게 청소된 사무실은 저에게 큰 활력을 주었습니다. 청소 도우미 아주머니의 꼼꼼한 손길 덕분이었습니다. 고마운 마음에 늘 뭔가를 드리고 싶었지만 말로만 하는 인사정도에 그쳤지요.

저는 예전에 제과회사 광고를 담당한 적이 있었습니다. 광고주 팀장은 계약 관계가 끝났음에도 명절 때마다 선물을 챙겨 보내 주었습니다. 어느 추석 때에도 변함없이 종합과자선물세트를 보내 주었습니다. 선물세트에는 초콜릿, 쿠키, 스낵, 껌 등 인기과자 모두가 담겨 있었는데, 문득 그 13층 청소 도우미 아주머니가 생각나더군요. 손주가 있다는 말을 평소에 듣기도 해서 아주머니께 그 과자선물세트를 드렸습니다.

추석 명절이 지나고 나서 얼마 후 출근해 보니 사무실 책상 위에 작은 메모지 한 장이 놓여 있더군요. 메모지에는 이런 내용이 담겨 있었습니다.

고맙습니다. 손주들이 아주 좋아하더군요. 그런데 왜 그 좋은 선물을 저에게 주셨습니까? 살면서 이런 선물을 처음 받아 봤습니다. 감사합니다.

쪽지편지 속에 "왜 주었느냐?"라는 질문이 들어 있었기에 답장을 해야 했습니다. 그 답장은 글을 쓰는 진도가 잘 나가지 않아 무척 애를 태웠습니다. 아마도 의외의 질문을 받았기 때문인 것 같았습니다.

다음의 글은 그때 청소 도우미 아주머니께 보낸 편지입니다. 그때 편지를 받아 본 아주머니는 감동(?) 했다고 했는데 그 이유를 정확히 모르겠습니다. 하여간 이러한 사람 냄새 나는 편지가 당시 회사 다니는 즐거움을 부쩍 높여 주었습니다.

13층 아주머니께

아주 오래전의 이야기입니다.

장맛비 때문에 마음이 무거운 새벽이었습니다. 마치 하늘에 구멍이 뚫린 것처럼 장대비가 쏟아졌습니다. 맞으면 아픔을 느낄 정도로 빗줄기가 예사롭지 않았습니다.

저는 그 당시 우유 배달을 하고 있었습니다. 새벽 4시부터 200여 가구의 잠실 시영아파트 5층 계단을 오르내렸습니다. 늘 땀이 비 오듯 하여 땀에 젖은 옷이 움직임을 불편하게 할 정도였습니다.

어떤 때는 차라리 비가 오는 날이 더 좋다는 생각을 하기도 했습니다. 일단 시원하니까요. 우산 따위가 뭐 필요했겠습니까? 또 사나이 20대 한창때라서 약간의 오만 같은 것도 있었을 것입니다.

그래서 그날 새벽도 온몸으로 비를 맞으면서 자전거 페달을 밟았습니다.

새벽에는 새벽을 여는 사람이 많습니다. 신문 배달 학생, 저처럼 우유 배달을 하는 학생, 청년, 아주머니 그리고 청소부 아저씨 등…. 그들은 매일같이 일정한 시간에 일정한 장소에서 만나고 지나칩니다. 그러기에 서로 얼굴은 대략 알고 지냅니다.

다음 날이었습니다. 어제 비가 왔다는 사실이 거짓말처럼 들릴 정도로 날씨가 맑았습니다. 우유 배달을 마치고 집으로 가려는데 누군가가 뒤에서 저를 부르더군요.

"학생!"

뒤를 돌아보니 아침에 우유 배달을 하는 아주머니였습니다. 물론 저와는 다른 회사 제품을 배달하던 분이었습니다. 제가 왜 그러느냐고 물었습니다. 그랬더니 아주머니가 보자기 하나를 내미는 것이었습니다. 이게 무엇이고 왜 저에게 이런 것을 주느냐고 다시 물었습니다.

놀랍게도 '우비'雨備라고 하더군요. 그러면서 다음과 같은 말을 했습니다.

"아무리 여름비라도 많이 맞으면 감기에 걸려요."

저는 그 자리에서 털썩 주저앉고 말았습니다. 시골에서 올라와 자취 생활을 하던 저였기에 그 고마움이 눈물샘을 자극하고 말았던 것입니다.

늘 저희 회사 사무실을 깨끗하게 청소해 주시는 13층 아주머니.

아주머니가 그때 저에게 우비를 건네주었던 그 아주머니와 많이 닮았습니다. 그리고 지저분한 제 방을 매일 유리처럼 깨끗이 청소해 주시는 것에 고마움을 전하고도 싶었습니다. 때마침 추석 명절이기도 했고요.

부담 가지실 필요도 없습니다. 솔직히 말씀드리면 저도 누구로부터 추석 선물로 받은 것입니다. 손자가 맛있게 먹었다니 저도 기분이 좋습니다.

늘 건강하시기 바랍니다. 그래야 청소 일도 오래 하실 수 있고 손자에게 과자도 사주실 수 있으니까요.

이상이 제가 아주머니께 '과자 선물'을 한 이유입니다. 충분한 이유가 되었기를 희망해 봅니다.

붓으로 쓴 족자편지

여덟

사랑하는 아들에게

아드님이 평소에 속을 무척 많이 썩이고 군대에 갔나 보군요? 오죽 할 말이 많았으면 이런 장문의 편지를 쓰셨어요, 그래?

아들 녀석이 입대를 했습니다. 국가의 부름을 받은 아들이 대견스럽기도 했지만 어느새 이렇게 시간이 흘렀나 생각하며 상념에 젖게 되더군요. 아들이 제대로 군 생활을 할 수 있을지 걱정도 되었지만 무엇보다도 제가 평소에 아들에게 해준 게 별로 없다는 점이 마음에 걸렸습니다.

입대한 지 반년이 다가올 즈음이었습니다. 아들에게 의미 있는 선물을 하나 해주어야겠다는 결심을 했습니다.

이런저런 생각 끝에 선물로 '족자편지'를 주기로 했습니다. 족자簇子는 그림이나 글씨를 표구表具한 것으로, 기둥이나 벽에 걸거나 두루마리처럼 말아둘 수도 있습니다. 편지를 붓글씨로 써서 족자를 만들면 차별성이 커서 의미 있는 선물이 될 수 있겠다고 생각했습니다. 어렸을 때 붓글씨를 써본 경험이 있어서 붓글씨의 독특한 매력을 잘 알고 있기도 했습니다.

부랴부랴 붓펜과 화선지를 구입해 장문의 편지를 써내려 갔습니다. 토요일 오전 10시경에 시작해 저녁 10시경에서야 끝낼 수 있었던 힘든 작업이었습니다. 이러한 저의 모습을 지켜보던 아내가 이해할 수 없다는 표정을 지으며 한마디 하더군요.

"당신, 참 세상 어렵게 사십니다."

붓글씨로 쓴 장문의 화선지편지를 들고 족자 작업을 의뢰하기 위해 인사동 표구사를 찾았습니다. 노년의 부부가 함께 일하는 곳이었는데, 그분들이 제가 건네준 화선지를 받아 쫙 펼쳐 놓고 내용을 쓱 훑어보더니 대뜸 이런 말을 하더군요.

"이게 아들에게 보내는 편지라고요?"

"아드님이 평소에 속을 무척 많이 썩이고 군대에 갔나 보군요? 오죽 할 말이 많았으면 이런 장문의 편지를 쓰셨어요, 그래?"

그런 것이 아니라 아들에게 줄, 기억에 남을 만한 선물을 생각하다가 이런 편지를 구상했다고 설명해 드렸습니다. 부부는 몹시 놀란 표정을 지으면서 표구인 생활 반세기에 이런 족자 주문을 받아 보기는 처음이라고 했습니다. 큰 감동을 받았다면서 가격도 깎아 주었습니다.

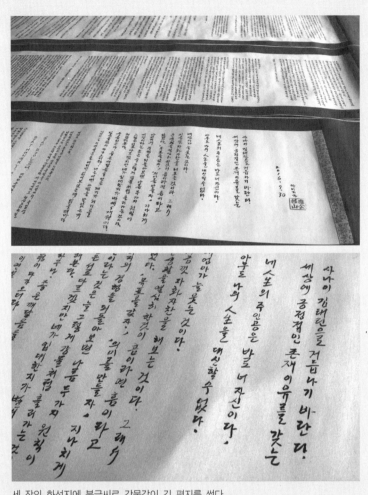

세 장의 화선지에 붓글씨로 강물같이 긴 편지를 썼다.
족자로 만들어 군대 간 아들에게 보냈다.

며칠 후 완성된 족자편지를 우체국에 가서 정성스럽게 포장해 아들이 근무하는 부대로 보냈습니다. 발송을 끝내고 나니 가슴이 뿌듯함으로 꽉 채워진 느낌을 받았습니다.

"우리 아들 놀라겠지?"

그러나 결론적으로 저의 기대와 표구사 부부의 감동과는 달리 아들의 반응은 그리 신통치가 않았습니다. 아마도 편지의 내용 때문인 것 같았습니다. 강물같이 긴 편지의 대부분이 스티브 잡스Steve Jobs의 스탠퍼드대학 졸업연설문으로 채워져 있으니 그런 반응을 했던 것 같습니다. 안타깝게도 결국 그 편지는 다음번 면회 갈 때 제가 도로 가져와야 했습니다. 물론 내무반에 딱히 보관할 곳이 없다는 점도 집으로 가져와야 하는 이유 가운데 하나였습니다. 이다음에 아들이 장가갈 때 혼수품으로 넣어 보내려 하는데, 그때는 꼭 가져갈 것이라는 희망을 품고 있습니다.

아들과 무미건조했던 관계가 아들의 군 입대를 계기로 비교적 활발해졌습니다. 가족 면회, 휴가 때의 이벤트 등도 큰 역할을 했겠지만 아마 이 족자편지도 큰 역할을 했을 것이라고 스스로 평가합니다.

다음은 그 문제의 족자편지 전문입니다.

태린 보아라.

하루하루 날씨가 몹시도 무덥다. 더위의 상징인 달구벌과 가까운 그곳은 햇살이 더욱더 뜨겁겠구나. 이열치열이든 더위를 이겨내는 방법을 익혀야겠다. 또한 묵묵히 서늘한 그늘을 만들어 주는 나무의 고마움도 더불어 챙겨야 하겠다.

국가 차원의 이슈를 발산하는 곳이라 신경 쓸 일도 많겠구나. 이럴 때일수록 문제의식을 가져 보거라. 너의 가치관을 비교, 검증해 보아라. 이 문제에 대해 어떠한 입장을 취해야 하는 것인지를 자문자답해 보는 것이다. 물론 군인의 신분이니 밖으로 전달할 필요는 없겠다.

삶의 영양소는 참 많은데 오늘은 그중에서도 좋은 말, 좋은 문장의 가치에 관해 이야기하고자 한다. 명언, 경구라고도 하고 흔히 좌우명이라고 하기도 한다. 예전에는 책상 앞에 그것들을 붙여 놓고 실천 의지를 과시하곤 했었다. 물론 실천으로 옮기는 사람은 손에 꼽을 정도다.

  아버지가 중학교에 다닐 때의 이야기다. 교문에 두 문장이 큼지막하게 적혀 있었다. '나는 오늘 무엇을 배우러 오는가?', '나는 오늘 무엇을 얻고 가는가?' 등굣길, 하굣길에 각각 볼 수가 있었다. 열심히 공부해야겠다고 마음을 다잡는 데 큰 역할을 했다. 덕분에 좋은 고등학교에도 입학하고 서울에 있는 나름 괜찮다는 대학에 갈 수도 있었다. 문장의 힘이다.

정보의 홍수라는 말이 있듯 오늘날에는 좋은 말들이 넘쳐난다. 그 가운데에서도 이 시대 최고의 설득력 있는 말은 스티브 잡스의 말이다. 물론 아버지의 생각이다. 아이폰을 특히 좋아하는 너이기에 충분히 공감하리라고 생각한다. 나는 요즈음 네 방 책꽂이에 있는 《스티브 잡스》 책을 읽고 있다. 불꽃같은 삶을 살다간 천재의 모습에서 많은 깨달음을 얻고 있다.

스티브 잡스의 말 가운데에서도 특히 스탠퍼드대학에서의 '졸업식 연설'이 압권이다. 현존하는 가장 우아한 연설이라는 평가를 받고 있는데 아버지도 절대 공감한다. 여기에 그 연설문 전문을 적는다. 두고두고 읽어서 가슴에 새겨 보기 바란다.

스티브 잡스 연설문

오늘 저는 세계에서 가장 훌륭한 대학의 한 곳을 졸업하면서 새 출발을 하는 여러분과 함께하는 영광을 가졌습니다. 저는 대학을 졸업하지 않았습니다. 사실 이렇게 대학 졸업식에 가까이 와본 것도 이번이 처음입니다. 오늘 저는 여러분께 제 인생에 관한 세 가지 이야기를 하려고 합니다. 뭐 그리 대단한 것은 아닌, 그저 세 가지의 이야기입니다.

첫 번째 이야기는 점을 연결하는 것에 관한 이야기입니다.

저는 리드대학이라는 곳을 입학 6개월 만에 자퇴했습니다. 그 후 1년 반 정도 비정규 청강생으로 머물렀고, 그 후 진짜로 학교를 그만 두었습니다. 제가 왜 대학을 그만두었을까요?

이 이야기는 제가 태어나기 전으로 거슬러 올라갑니다. 제 생모는 대학원생의 젊은 미혼모였습니다. 그래서 저를 입양 보내기로 결심 했던 것입니다. 그녀는 제 미래를 위해, 대학을 졸업한 양부모에게 저를 입양 보내야 한다는 생각을 강하게 갖고 있었습니다. 그래서 저 는 태어나자마자 바로 어떤 변호사 부부에게 입양되기로 결정되었 고 그것으로 모두 다 끝난 것처럼 보였습니다.

하지만 제가 태어났을 때 저를 입양하기로 했던 그 부부는 마음을 바꾸어, 자신들은 여자아이를 원한다고 했습니다. 그래서 제 생모는 한밤중에 입양 대기자 명단의 다른 부부에게 전화를 걸어 "우리가 예 기치 않은 사내아이를 갖게 되었는데, 아이를 입양하시겠습니까?" 하고 물었습니다. 이들 부부는 "물론이죠"라고 대답했습니다.

그런데 제 생모는 나중에야 양어머니가 대학을 나오지 않았고 양 아버지는 고등학교도 졸업하지 않았다는 사실을 알게 되었습니다. 생모는 이 때문에 최종 입양 동의서에 서명하지 않다가, 몇 달 후 제 양부모님이 저를 대학까지 가르치겠다고 약속한 다음에야 동의했습 니다. 이렇게 제 인생이 시작되었습니다.

17년이 지난 후 저는 정말 대학에 입학했습니다. 그러나 저는 순

진하게도 바로 이곳 스탠퍼드대학의 학비와 거의 맞먹는, 값비싼 학교를 선택했습니다. 노동자였던 양부모는 저축한 모든 돈을 저의 대학 등록금으로 써야 했습니다. 그렇게 6개월이 지난 후 저는 그만한 돈을 쓰는 데 대한 가치를 느낄 수가 없었습니다. 저는 제가 삶에서 무엇을 하고 싶은지를 알지 못했고 대학이 그것을 아는 데 어떤 도움을 줄지도 알지 못했습니다. 그런데도 제 부모는 전 인생에 걸쳐 저축해 놓은 모든 돈을 제 학비에 쓰고 있었던 것입니다.

그래서 저는 대학을 그만두기로 했습니다. 저는 모두 잘될 것이라는 믿음을 가졌습니다. 당시 그런 결정을 내리는 게 다소 두렵기도 했지만 지금 돌아보면 그것이 제가 지금까지 한 가장 훌륭한 결정 중 하나였습니다. 학교를 그만두는 그 순간 저는 흥미가 없었던 필수과목을 들을 이유가 없어졌고 흥미로워 보이는 다른 과목을 청강할 수 있었습니다.

모두 낭만적인 순간만은 아니었습니다. 저는 기숙사에 방이 없었기 때문에 친구들의 집 방바닥에서 잠을 잤습니다. 음식을 사기 위해 되돌려 주면 5센트를 주는 콜라병을 모으는 일을 했고 헤어크리슈나 사원에서 일주일에 한 번 주는 식사를 얻어먹기 위해 일요일 밤마다 7마일을 걸어가곤 했습니다. 그러나 저는 그러한 순간들을 사랑했습니다. 그리고 제가 호기심과 직관을 따라가다가 부딪친 것 중 대부분이 나중에 값으로는 매길 수 없는 가치로 나타났습니다. 한 가지 사례를 들어 보겠습니다.

제가 다녔던 리드대학은 당시 미국에서 최고의 서체 교육기관이었다고 생각합니다. 캠퍼스 전체의 모든 포스터, 모든 표지물은 손으로 그린 아름다운 글씨체로 장식되어 있었습니다. 저는 정규과목을 더는 들을 필요가 없었기 때문에 이런 글씨체를 어떻게 만드는지 배워 보려고 서체과목을 듣기 시작했습니다. 저는 세리프serif나 산세리프sans-serif 글씨체를 배웠고 무엇이 훌륭한 글씨체를 만드는지를 배웠습니다. 저는 '과학적인' 방식으로는 도저히 표현할 수 없는, 아름답고 유서 있고 예술적으로 미묘한 방식에 매료되고 말았습니다.

당시 이런 모든 것이 제 인생에 실질적으로 도움이 될 것 같아 보이지는 않았습니다. 그러나 10년 후 우리가 첫 번째 매킨토시Macintosh를 구상할 때 이는 고스란히 빛을 발휘했습니다. 우리가 설계한 매킨토시에 그 기능을 모두 집어넣었으니까요. 매킨토시는 아름다운 글씨체를 가진 최초의 컴퓨터가 되었습니다. 만약 제가 그 서체수업을 듣지 않았다면 매킨토시는 결코 다양한 서체를 가진 컴퓨터가 될 수 없었을 것입니다. 마이크로소프트Microsoft의 윈도Window는 매킨토시를 단지 베낀 것에 불과하기 때문에, 매킨토시가 그렇게 하지 않았다면 어떤 개인용 컴퓨터도 그런 아름다운 서체를 갖지 못했을 것입니다. 제가 만약 정규과목을 그만두지 않고 서체과목에 등록하지 않았다면 서체수업을 듣지 못했을 것이고, 컴퓨터는 오늘날과 같은 놀라운 글씨체를 갖지 못했을 것입니다.

물론 제가 대학에 있을 때 미래를 내다보면서 점을 잇는 것은 불가능했습니다. 그러나 10년이 지난 지금 과거를 되돌아보면 이는 너무나 분명합니다. 다시 말하지만 우리는 미래를 내다보면서 점을 이을 수는 없습니다. 우리는 오직 과거를 돌이켜 보면서 점을 이을 수 있을 뿐입니다. 그러므로 여러분은 현재가 미래와 어떻게든 연결된다는 믿음을 가져야만 합니다. 여러분은 자신의 내면, 운명, 인생, 카르마 등 그 무엇이든 간에 신념을 가져야만 합니다. 이러한 접근법, 즉 현재가 미래로 연결된다는 믿음은 저를 결코 낙담시키지 않았고 제 삶의 모든 변화를 만들어 냈습니다. 그리고 그것이 인생의 모든 차이를 빚어냈습니다.

저의 두 번째 이야기는 사랑과 상실에 관한 이야기입니다.

　저는 운 좋게도 인생에서 정말 하고 싶은 일을 이른 시기에 발견했습니다. 워즈(스티브 워즈니악 Steve Wozniak)와 제가 부모님의 차고에서 애플 Apple 회사를 세운 것은 제 나이 20세 때 일입니다. 우리는 열심히 일했습니다. 10년이 지난 후 애플은 우리 둘만의 차고에서 20억 달러에다 400명의 직원을 둔 회사로 성장했습니다.

　우리는 가장 훌륭한 발명품인 매킨토시를 예상보다 1년 빨리 출시했는데 그때가 제 나이 막 30세가 될 때였습니다. 그리고 저는 곧 해고를 당했습니다. 어떻게 자신이 만든 회사에서 해고당할 수 있냐고요? 글쎄요 … . 애플이 점점 성장하면서 우리는 함께 회사를 경영할 유능한 경영자를 데려와야겠다고 생각했습니다. 처음 1년 정도는 그런대로 잘 돌아갔습니다. 그런데 언젠가부터 비전이 서로 어긋나기 시작했고 결국 우리 둘의 사이도 어긋나기 시작했습니다. 이때 우리 회사의 이사회는 그, 즉 존 스컬리John Sculley의 편을 들었고 서른 살이었던 저는 쫓겨나야만 했습니다. 그것도 아주 공공연하게 말이죠. 저는 인생의 목표를 모두 잃어버렸고 참담한 심정에 빠졌습니다.

첫 몇 개월 동안에는 정말 아무것도 할 수가 없었습니다. 선배 벤처 세대의 명예를 실추시킨 것 같았습니다. 제게 넘어온 바통을 놓쳐버린 것 같았습니다. 데이비드 패커드David Packard(HP 공동창업자)와 로버트 노이스Robert Noyce(인텔Intel 공동창업자)를 만나 그들을 그렇게 못살게 군 데 대해 사과도 했습니다. 저는 아주 공식적인 실패자였습니다. 실리콘밸리에서 도망쳐 떠나 버릴까도 생각했습니다.

그러나 마음속에서 뭔가가 천천히 다시 일어나기 시작했습니다. 여전히 제가 하는 일을 사랑하고 있다는 마음이었습니다. 애플에서 겪었던 일들조차도 이 마음을 꺾지 못했습니다. 전 해고당했지만 일에 대한 사랑은 여전히 식지 않았습니다. 그래서 저는 다시 새롭게 출발하기로 결심했습니다.

당시에는 몰랐지만 애플에서 해고당한 일은 제게 일어날 수 있었던 일 중 최고의 경우였습니다. 성공에 대한 부담은, 모든 것에 확신은 없지만 새롭게 다시 시작할 수 있다는 가벼움으로 대체되었습니다. 이 일이 인생에서 가장 창조적인 시기로 들어설 수 있도록 저를 자유롭게 해주었습니다.

이후 5년 동안 저는 '넥스트'NeXT라는 회사와 '픽사'Pixar라는 이름의 다른 회사를 설립했고, 지금의 아내가 되어준 한 여성과 사랑에 빠졌습니다. 픽사는 세계 최초로 컴퓨터 애니메이션 영화인 〈토이 스토리〉Toy Story를 만들었고 지금은 세계에서 가장 성공한 애니메이션 회사가 되었습니다. 이런 일들은 반전을 만들어 내어 애플은 넥스트를 사들였고 저는 애플로 복귀했습니다. 제가 넥스트에서 개발한 기술은 현재 애플 르네상스의 중추적 역할을 하고 있습니다. 또한 로렌과 저는 행복한 가정을 꾸리고 있습니다.

제가 애플에서 해고당하지 않았다면 이 많은 일이 일어나지 않았을 것이라고 확신합니다. 비록 지독한 맛의 약이지만, 환자는 약을 필요로 합니다. 인생은 때때로 여러분을 고통스럽게 하지만 결코 신념을 잃지 말기 바랍니다. 저를 이끌어간 유일한 원동력은 제가 하는 일을 사랑하는 마음이었다고 믿습니다. 여러분은 여러분이 사랑하는 것을 찾아야 합니다. 여러분이 사랑하는 사람을 찾는 것과 마찬가지로, 일에서도 마찬가지입니다.

여러분이 하는 일은 삶의 많은 부분을 채울 것입니다. 여러분이 진정으로 만족하는 유일한 길은 스스로 훌륭하다고 믿는 일을 하는 것입니다. 그리고 훌륭한 일을 하는 유일한 길은 여러분이 하는 일을 사랑하는 것뿐입니다. 만일 이를 아직 찾지 못했다면 계속 찾으십시오. 주저앉지 마십시오. 언젠가 이를 발견할 때 여러분은 마음으로부터 알게 될 것입니다. 그리고 모든 위대한 관계가 그러하듯 시간이

갈수록 점점 더 나아질 것입니다. 그러므로 발견할 때까지 계속 추구하십시오. 안주하지 마십시오.

세 번째 이야기는 죽음에 관한 이야기입니다.

열일곱 살 때 이런 경구를 읽었습니다. "매일매일을 인생의 마지막 날처럼 산다면 언젠가 당신은 대부분 옳은 삶을 살았을 것이다." 저는 이 글에 감명을 받아 이후 지난 33년 동안 매일 아침 거울을 보면서 자신에게 묻곤 했습니다. "만일 오늘이 내 인생의 마지막 날이라면 지금 하려는 일을 할 것인가?" 그리고 여러 날 동안 그 답이 '아니오'로 이어진다면, 무언가를 바꿔야 한다는 것을 알게 되었습니다.

저의 임박한 죽음을 생각하는 일은 삶에서 큰 결정을 내리는 데 도움을 준 가장 중요한 도구였습니다. 모든 외부의 기대, 모든 자부심, 모든 좌절과 실패의 두려움, 이 모든 것은 '죽음' 앞에서는 아무것도 아니므로 오직 진실로 중요한 것만 남게 됩니다. 여러분의 죽음을 기억하는 일은 여러분이 무엇을 잃을지도 모른다는 두려움에서 벗어나는 최고의 길입니다. 젊은 여러분은 이미 아무것도 없는 벌거숭이입니다. 그러므로 여러분이 가장 좋아하는 일을 하지 못할 어떤 이유도 없습니다. 여러분의 마음을 따라 살아야 합니다. 여러분은 무엇을 잃을까 봐 두려워합니까?

저는 약 1년 전 암 진단을 받았습니다. 아침 7시 반에 검사를 받았는데 췌장에서 악성 종양이 발견되었습니다. 그때까지 저는 췌장이 무엇인지도 몰랐습니다. 의사는 거의 치료할 수 없는 종류의 암이라고 했습니다. 길어 봐야 3개월에서 6개월밖에 살 수 없다고 했습니다. 의사는 제게 집으로 가서 주변을 정리하라고 충고했습니다. 바로 의사들이 말하는 죽음의 준비였습니다. 이는 제 아이들에게 10년 동안 해줄 것을 단 몇 달 안에 다 해내야 한다는 말이었고, 가족들이 임종할 때 쉬워지도록 매사를 정리하란 말이었고, 작별인사를 준비하라는 말이었습니다.

그렇게 시한부 인생을 살던 어느 날 저녁, 목구멍으로 내시경을 넣어 췌장에서 암세포를 채취하는 조직검사를 받았습니다. 저는 마취 상태였는데 후에 아내가 다음과 같은 사실을 말해 주었습니다. 의사들이 현미경으로 세포를 분석하면서 갑자기 울먹거리기 시작했답니다. 수술로 치료가 가능한 희귀한 종류의 췌장암으로 밝혀졌기 때문입니다. 저는 수술을 받았고 감사하게도 지금은 괜찮아졌습니다.

이것이 제가 죽음에 가장 가까이 간 경우였습니다. 앞으로도 수십 년간은 그렇게 가까이 가지 않기를 바랍니다. 이런 경험을 해 보니 죽음이 때로는 유용하다는 것을 머리로만 알고 있을 때보다 더 자신 있게 말할 수 있게 되었습니다. 누구도 죽음을 원하지 않습니다. 천국에 가고 싶다는 사람조차도 천국에 가기 위한 죽음을 원하지는 않습니다. 하지만 죽음은 우리 모두가 함께하는 목적지입니다. 누구도 피할 수 없습니다. 죽음은 바로 그런 것입니다. 죽음은 생명의 가장 훌륭한 창조일 수 있습니다. 죽음은 삶을 대신하여 변화를 만듭니다. 죽음은 낡음을 청소하고 새로움을 위한 길을 열어 줍니다.

지금 이 순간 여러분이 곧 새로움입니다. 그러나 머지않아 여러분도 구세대가 되어 사라질 것입니다. 너무 극단적으로 들렸다면 죄송하지만, 이는 엄연한 사실입니다. 여러분의 시간은 한정되어 있습니다. 다른 사람의 삶을 사느라 시간을 낭비하지 마십시오. 과거의 통념, 즉 다른 사람들이 생각한 결과에 맞춰 사는 함정에 빠지지 마십시오. 타인의 견해가 여러분 내면의 목소리를 삼키지 못하게 하십시오. 마음과 직관을 따라가는 용기를 가지는 것이 가장 중요합니다. 이미 여러분의 가슴과 영감은 여러분이 되고자 하는 바를 알고 있을 것입니다. 그 외 모든 것은 부차적입니다.

어렸을 때 《지구 백과》라는 놀라운 책이 있었습니다. 저희 세대에게 이 책은 성경과도 같았습니다. 이 책은 이곳에서 그리 멀지 않은 먼로 피크Monroe Peak에 사는 스튜어트 브랜드Stuart Brand란 사람이 썼는데, 그는 시적인 면을 가미해 책에 생명력을 불어넣었습니다. 개인용 컴퓨터도, 데스크톱 출판도 없던 1960년대에 발행된 이 책의 모든 내용은 타자기와 가위, 폴라로이드 사진으로 만들어졌습니다. 말하자면 종이책 형태의 구글Google 같은 것이지요. 구글이 등장하기 35년 전 일입니다.

스튜어트와 그의 팀은 이 책을 여러 번 개정했고, 결국 이 책의 역할을 다했을 때 최종판을 냈습니다. 1970년대 중반이었습니다. 제가 여러분 나이였을 때입니다. 최종판의 뒤표지에는 이른 아침 시골길을 찍은 사진이 인쇄되어 있었는데, 여행하다가 지나가는 자동차를 얻어 타기 위해 손을 드는 것과 같은 풍경이었습니다. 그 사진 밑에는 이런 말이 적혀 있었습니다.

"계속 갈망하라Stay hungry, 계속 우직하게stay foolish!"

이 문장이 마지막 작별인사였습니다. 스스로에게도 항상 그러하기를 바랐습니다. 그리고 지금 여러분이 새로운 출발을 위해 졸업하는 이 시점에, 여러분에게도 동일한 바람을 가져 봅니다. Stay Hungry, Stay Foolish.

대단히 감사합니다.

아버지는 이 연설문을 여러 번 읽어 보았는데 읽을 때마다 깊은 울림이 다가오더구나. 너는 어떤 느낌을 받았는지 궁금하다. 좋은 깨달음을 얻는 계기가 되기를 희망해 본다.

다음과 같은 표현에 너는 동의하지 않겠지만 네가 입대한 지도 어느새 5개월이 다 되어 간다. 시간이라는 것은 늘 그렇게 강물처럼 흘러간다. 어떻게 시간을 관리하느냐가 관건이다. 비록 병영이라는 특수한 환경에 있지만 지혜를 가지고 의미 있는 시간을 만들어 가기를 바란다.

아버지의 경험을 되돌아보면 나름 두 가지의 원칙으로 군대 생활을 한 것 같다. '목표를 갖자', '의미를 만들자'. 지나치게 군대 생활을 열심히 한 것이 흠이라면 흠이라고 자화자찬을 해 본다. 지금까지도 말이다. 그래서 네 엄마가 늘 웃고 있는 것이다.

나 아닌 다른 사람이 내 인생을 만들어 주지 않는다. 하늘은 스스로 돕는 자를 돕는다. 네 인생의 주인공은 바로 너 자신이다. 세상에 긍정적인 존재 이유를 가진 사나이 김태린으로 거듭나기 바란다.

2016년 7월 31일 밤에

아버지가

21세기판 매조도
사랑하는 딸에게

식당에 막 도착할 무렵이었죠. 당신의 취업 소식을 들었습니다. 정말 기뻤습니다. 오후에 회의가 예정되어 있었음에도 맥주도 한잔했습니다.

"그대 앞에만 서면 나는 왜 작아지는가 ⋯ ."

우리에게 친숙한 대중가요 〈애모〉의 가사 일부입니다. 저에게는 특히 다산 정약용 선생이 그런 존재입니다. 그분은 알면 알수록 두려움마저 느껴지는 존재입니다. '조선의 레오나르도 다빈치'라는 그 광채는 오늘도 여전히 찬란하고 뜨겁습니다.

이번에 저를 또 한 번 기죽게 한 것은 바로 '매조도'梅鳥圖입니다. 딸을 가진 아버지 입장에서 부럽기도 하고 한편으로는 얄미운 생각마저 들었습니다. 다산의 아이디어가 활어처럼 싱싱해 보였기 때문입니다.

매조도는 다산이 시집간 딸에게 그려준 일종의 그림편지인데,

드라마틱한 스토리를 담고 있습니다. 다산은 아내가 보내온 붉은 치마로 하피첩霞帔帖을 만든 뒤 남은 치마 천 조각을 잘 보관해 뒀습니다. 신유박해로 유배를 떠날 때 8살이었던 막내딸이 떠올랐기 때문이죠. 1812년 딸이 자신의 강진 제자 중 한 명인 윤창모와 혼례를 올리는데, 아내의 치마 자투리를 가로 19㎝, 세로 45㎝ 크기로 잘라 매화 가지에 꽃을 그리고 두 마리의 멧새도 그려 넣습니다. 바로 매조도가 탄생하는 순간입니다. 후손을 많이 낳고 다복한 가정을 이루라는 기원을 담았습니다. 죄인 신세에 가진 것도 별로 없는 당시의 그가 딸에게 줄 수 있는 최고의 결혼 선물이 아닌가 싶습니다.

펄펄 나는 저 새가 내 뜰 매화에 쉬네
꽃다운 향기 매워 기꺼이 찾아왔지
머물러 지내면서 집안을 즐겁게 하렴
꽃이 활짝 피었으니 열매도 많겠구나

— 1813년 7월 14일

저도 딸이 하나 있습니다. 딸이 공기업에 취업한 지 1년 즈음이 되는 시점이었습니다. 서울에서 나고 자라서 그런지, 공기업 특성이기도 한 지방 근무를 힘들어했습니다. 뭔가 응원의 말을 해주고 싶은데 묘안이 떠오르지 않았습니다.

당시 저는 모 NGO 단체의 온라인 잡지에 칼럼을 정기 연재하고 있었습니다. 그 지면을 빌려 난생처음 딸에게 편지를 보냈습니다. 공공매체인지라 딸을 직접 거명할 수 없어 지방 근무를 하는 한 젊은이(H 님)에게 보내는 응원편지의 형식을 취했습니다. 다산의 '매조도'와는 비교할 수 없겠지만 딸을 향하는 마음만큼은 다산 그 이상이라고 스스로 만족해하고 있습니다.

H 님.

6월의 마지막 금요일이었습니다. 이전 직장 후배들과 오랜만에 점심 번개 약속을 했습니다. 식당에 막 도착할 무렵이었죠. 당신의 취업 소식을 들었습니다. 정말 기뻤습니다. 오후에 여러 회의가 예정되어 있었음에도 맥주도 한잔했습니다.

　　이때 무섭게 쏟아지던 장맛비도 갑자기 멈췄습니다. 하늘에서는 큰 선물로 당신을 축하해 주려는 것 같았습니다. 무지개가 보였던 것입니다. 당신에 대한 희망의 상징을 보는 것 같아 가슴이 벅찼습니다. 어느덧 1년 전의 일이 되었네요.

　　종종 당신의 근황을 듣습니다. 특히, 지방 근무하는 것을 힘들어한다고요. 처음에는 이해가 되지 않았는데 서울에서 태어나고 자란 당신이기에 조금은 고개가 끄덕여집니다. 하지만 그런 고민은 입 밖에 내서는 안 됩니다. 지금 이후부터는 말입니다. 왜냐고요? 정말 배부른 소리이기 때문입니다.

개구리 올챙이 시절을 생각해야 합니다. 지금 이 순간 상당수의 당신 친구나 선후배들은 취업은 고사하고 인턴이나 아르바이트 자리를 얻기도 어려워서 힘들어하고 있습니다. 취업 전쟁은 끝이 없습니다. 바로 1년 전, 당신 모습 아니었습니까?

지방 생활하면서 부족하거나 그리운 것은 무엇입니까? 서울의 야경, 넓고 쾌적한 '별다방', '콩다방', 수많은 인파 ···. 이런 것들입니까? 생각해 보세요. 서울에 있을 때는 그런 것들 때문에 서울이 짜증난다고 투덜거렸죠. 벌써 잊으셨는지요? 지금은 실감하지 못하겠지만 아마도 1년 정도 있으면 아실 겁니다. 지금 당신이 얼마나 행복한 곳에서 생활하고 있는지를요.

H 님.

혼자의 독립생활에 의미를 부여해 더욱더 특별함을 얻을 수 있습니다. 마음먹기에 달렸습니다. 당신의 지방 생활의 경우에 몇 가지를 꼽아 보겠습니다.

하나, '수처작주隨處作主 입처개진立處皆眞'의 의미를 되새겨 보십시오. "머무르는 곳마다 주인이 돼라. 지금 있는 그곳이 진리의 자리이다"라는 뜻으로, 언제 어디서 어떤 상황에 놓여도 진실하고 주체적이며 창의적인 주인공으로 살아가면, 그 자리가 바로 행복의 자리, 진리의 자리에 이르게 된다는 말입니다.

함께 옥수수나 감자를 쪄 먹기도 하고 추운 겨울이나 장마철에도 예외 없이 카풀^{carpool}도 한다면서요. 그렇게 좋은 동료들이 있는 환경에 적응하지 못하는 당신이라면 대오각성^{大悟覺醒} 해야 합니다. 이는 경쟁력이 없다는 말과 다름없습니다. 찰스 다윈의 말을 다시 한번 되새겨 보기 바랍니다.

"살아남는 것은 가장 강한 종이나 가장 똑똑한 종이 아니라, 변화에 가장 잘 적응하는 종이다."

둘, 독립 정신을 드높일 절호의 찬스입니다. 예전에 대학 후배가 불쑥 내뱉어 주위를 놀라게 한 말이 있습니다. "자취 한번 해 보는 게 꿈이다." 그런 말은 자취를 할 수밖에 없는 친구에게는 상처를 줄 수 있으니 조심하라고 경고했던 기억이 있습니다.

당신의 지방 근무가 누군가에게는 희망일 수도 있습니다. 직접 손빨래한 옷을 입어 보는 즐거움, 청소를 마치고 나서 마시는 커피 한 잔의 여유, 스스로 셰프가 되어 밥을 하고 맛있는 반찬을 만들어 먹는 놀라움까지 이 모든 것을 동시에 경험해볼 수 있습니다. 또한 자기계발을 위한 절호의 기회로 삼을 수도 있습니다. 어학을 발전시킬 수 있고 다이어트 운동을 시작할 수도 있을 것입니다.

셋, 일상의 소중함을 느끼는 계기가 될 것입니다. 가족의 소중함입니다. 엄마의 잔소리, 말 안 듣는 남동생, 회사 일에만 '올인' 하는 아버지, 그래서 때로는 어디론가 떠나고 싶기도 했던 그곳이 이제는 눈 감으면 떠오르는 그리움의 대상이 됩니다. 우리는 어리석게도 소중한 존재와 꼭 멀리 떨어져 봐야 비로소 그 가치를 느낍니다. 주말 부부가 금슬이 더 좋아지는 계기가 된다지요. 서울과 지방을 오가며 연출하는 가족의 마중과 배웅 속에 가족의 정을 깊게 느끼고 오래 기억하게 될 것입니다.

H 님.

삶은 붓으로 쓰면 길이고 그리면 그림입니다. 당신의 지방 생활은 인생의 멋진 한 장면으로 영원히 남을 것입니다. 나무, 단풍, 낙엽, 바람, 눈, 비, 무더위, 인심, 꽃, 숨 막힐 듯한 신록의 짙푸름, 모내기, 매미 소리, 풀벌레 소리, 소쩍새 소리, 잠자리, 아카시아의 향기, 튤립, 눈 덮인 산하, 별이 쏟아지는 여름밤 ….

4계절의 변화에 따른 총천연색 자연 우주 다큐멘터리를 직접 체험해 보는 것 그 자체만으로도 당신은 세상을 다 얻은 것입니다. 서울은 서울 나름의, 지방은 지방 나름의 보물을 품고 있습니다. 행복은 바로 당신이 두 발을 딛고 서있는 지금 이곳에 있습니다.

"그보다 여기 공기는 무척이나 좋아요! 정말로 좋은 냄새가 나요! 이 지방처럼 그윽한 향기를 풍기는 곳은 세상 어디에도 없을 거예요! 그리고 여기 이 하늘도 …."

이반 트루게네프Ivan Turgenev의 소설 《아버지와 아들》에 나오는 한 구절입니다. 머지않아 당신도 지금 지내고 있는 그 지방을 이렇게 말할 것 같습니다. 당신께서도 동의하시죠?

언제나 당신 곁에서 당신을 응원합니다.

열 내 기억에는 없어요
나의 첫사랑에게

너는 도망갔고, 나는 뒤따라갔다.
너는 더 멀리 달아났다. 나는 계속해서 쫓아갔고.
왜 너는 도망가고, 왜 나는 뒤따라갔는지 모르겠다.

독서 모임에서 줄리언 반스Julian Barnes의 《예감은 틀리지 않는다》를 가지고 이야기를 나눈 적이 있습니다. 묘한 여운이 한동안 가시지 않았습니다. 과연 이 책의 매력이 무엇인지를 골똘히 생각해 보기도 했습니다. 지나고 나서 보니 어쩌면 그러한 의문은 처음 책을 집어 들었을 때부터 시작되었는지도 모르겠습니다.

맨부커상을 받은 줄리언 반스의 대표 베스트셀러라는 요란한 말도 있었지만, 정작 저의 눈길을 끈 것은 책 표지였습니다. 과거와 현재를 대비해 놓은 사진 밑에 예쁜 광고문구 하나가 저에게 이렇게 속삭이고 있었습니다.

시인을 꿈꾸는 스무 살의 토니, 사진작가를 꿈꾸는 스무 살의 베로니카. 첫사랑의 기억을 되찾고 싶은 토니, 첫사랑의 기억을 잊고 싶은 베로니카. 찬란했던 청춘의 순간들이 서로 다른 기억으로 재회한다. 어떤 첫사랑이었을까?

"아! 첫사랑에 대한 소설이구나!"

저는 탄성을 내면서 책을 구입하고 말았습니다. 물론 소설을 원작으로 한 영화도 봤습니다. 영화를 보고 소설을 읽고 난 후에 질문 하나가 눈앞에 어른거렸습니다. 나의 첫사랑은 누구인가?

예전에는 첫사랑에 대한 질문을 받으면 "없어"라고 대답했습니다. 그러나 이제는 말할 수도 있을 것 같습니다. 가만히 생각해 보니 제게 첫사랑의 대상이 전혀 없었던 것은 아니었습니다. 그녀는 초등학교 동창으로, 1학년 때부터 같은 동네에서 살았습니다. 그녀의 집은 우리 집과는 신작로 하나 건너편에 있었습니다.

세월이 훌쩍 지나 제 나이 50대 중반 즈음, 동창회 일로 초등학교를 방문했습니다. 일을 마치자마자 어린 시절의 그 동네로 달려갔습니다. 제가 일찍이 타지로 이사를 가서 그런지 추억의 장소로 가보고 싶은 마음이 진하게 스몄던 것입니다. 마을의 모든 것은 변했지만 옛 모습은 오히려 또렷하게 눈앞에 나타났습니다. 하얀 먼지가 일던 신작로, 작은 구름이 걸려 있던 미루나무, 한여름 단잠을 깨우던 매미 소리, 붉은 기와의 우리 집 그리고 신작로 건너편 그녀의 집과 그녀의 모습. 저는 편지를 써야 했습니다.

Lee에게

그러니까 우리가 초등학교 3학년 때였던 것 같아. 마을에 난리가 났었지. 서울에서 연예인들이 공연을 왔기 때문이었어. 가수도 있었고 코미디언도 있었지. 남보원 씨에 대한 기억은 아직도 또렷하다.

동네에 TV가 들어온 지가 엊그제였는데 TV에서 본 연예인이 산골 마을에 와서 공연을 한다니, 말로 표현 못 하는 일대사건이었지. 기다리고 기다리던 한가위를 얼마 남겨 놓지 않은 늦가을이었던 것 같아. 햇볕은 따가웠고 바람은 시원했지만 먼지를 일으킬 정도였으니 유순하지는 않았어. 흙먼지가 나부껴 온전히 눈 뜨기도 곤란했던 것 같아. 물론 들판에는 황금물결이 넘실거렸고. 이쯤 되면 내 기억력 대단하다는 느낌 들지 않니?

당시 우리 고장에서 제일 넓은 곳은 중학교 운동장이었어. 축구 골대 뒤쪽 언덕 위에 무대가 설치되었지. 운동장을 빙 돌아서는 천막이 세워졌고. 마치 가을운동회 풍경 같았어. 운동장은 사람들로 가득했지. 태어나서 그렇게 많은 사람이 한곳에 모인 것을 본 적이 없었어. 코흘리개 아이도 왔고 100세 할머니도 왔었지. 마치 면민面民 모두가 한 사람도 빠짐없이 온 것 같았어. 말 그대로 구름관중, 인산인해人山人海.

서로 앞자리를 차지하려고 싸움도 했지. 농악대 소리는 귀청을 때

렸고. 성능이 좋지 않은 마이크 때문에 음악은 끊어지거나 귀청 떨어지게 갑자기 커지기를 반복했지. 마이크에서 흘러나온 노래는 김하정의 〈금산 아가씨〉, 김태희의 〈소양강 처녀〉였어. 운동장 한편에서는 먹을거리 잔치가 열렸지. 국밥도 팔았고 옥수수, 감자, 개떡도 있었지. 공연이 시작되기도 전에 아랫집에 사는 대희 아버님은 이미 막걸리에 대취大醉해서 욕지거리를 해대며 소란을 피우셨어.

  우리 엄마는 좋은 앞자리를 잡았다며 크게 기뻐했고, 옆에 꼭 붙어서 구경하라고 나에게 당부하셨지. 그때 나는 이런 분위기와는 상관없이 누군가를 찾아 나섰어. 누구였겠어? 바로 너였어. 지금 생각해도 왜 그때 거기서 네 생각이 났는지 모르겠어. 동네 형들, 동생들, 누나들이 나보고 어딜 쏘다니느냐고 자꾸 물었지. 나는 잃어버린 사람을 찾듯이 절실했고 짝 잃은 기러기처럼 허전했지. 그날 나는 나비가 되었어. 너라는 꽃을 찾는 호랑나비 말이야.

정성이 하늘을 감동하게 했나 봐. 너를 찾았던 거야. 너는 이러는 나를 눈치채지도 못했고, 발견하지도 못했지. 너는 너의 좁은 등에 막내 여동생을 업고 있었어. 그 동생은 땅에 떨어질 듯 위태로워 보였지. 찌푸린 너의 얼굴은 힘에 부친 모습이었어. 민소매를 입어 드러난 검은 피부는 더 검게 보였지. 그때는 너나 나나 새카맣게 피부가 그을렸었지. 전형적인 산골 아이들의 모습으로 말이야. 네가 밥은 먹고 왔는지도 궁금했어. 아니, 밥은 해 놓고 왔는지가 더 정확하겠다. 그 어린 나이에 밥도 했었지.

사람들 틈에 숨어서 그런 너의 모습을 한없이 지켜보았지. 안쓰러움, 반가움, 행복함 … . 뭐, 그런 감정이 꿈틀거린 것 같았어. 어느 순간 네가 나를 보았지. 너는 도망갔고, 나는 뒤따라갔다. 너는 더 멀리 달아났다. 나는 계속해서 쫓아갔고. 왜 너는 도망가고, 왜 나는 뒤따라갔는지 모르겠다. 그 추격전 때문에 우리는 가수의 노래도 듣지 못하고, 코미디언의 웃음 바이러스도 얻지 못했다.

나는 운동장 한구석에 서서 눈물을 흘렸다. 왜 눈물이 났는지 그 이유는 모르겠다. 지금 그 감정을 멋지게 정리해 보자면 이런 것이겠지. 너를 의식하게 된다. 너를 걱정하게 된다. 네가 내 눈에 들어온다. 너의 모든 것이 궁금해진다. 아마도 네가 뿌린 홀씨가 내 마음의 밭에 뿌려진 것이다.

너는 공부도 잘했지. 특히, 국어 받아쓰기를 잘했어. 쪽빛 머리가 단정했고. 또 우리 동네에 함께 살았지. 너희 아버지는 무서웠고 엄마는 예쁘고 친절했지. 너는 벌을 자주 섰어. 몹시 추운 날에도 신작로에 나와서 두 손을 들었지. 네가 벌을 서는 이유를 모르는 나는 그때마다 너의 아버지를 미워했지.

시간이 흘러 너는 어느 날 청주로 전학을 갔다. 나는 너의 집이 잘 보이는 제방에서 오랜 시간 멍하니 서있었다. 너의 집 앞을 지나며 많이 그리워도 했다. 풀잎 시들듯 힘없이 주저앉기도 했다. 돌멩이를 개울가로 던져 대기도 했다. 너는 오랜 시간 내 가슴속에 새하얀 무늬로 존재했다. 너는 몰랐지?

　동창회 일로 초등학교에 왔는데 잠시 옛 생각이 나서 … .

편지만 쓴 게 아닙니다. 나름 멋지다고 생각하는 시도 한 편 썼습니다.

비둘기

비둘기다.
열두 마리다.
가까이서 지켜봐도 아는 체를 않는다.
아니 얕잡아 보는 것이다.
한 마리가 고개를 들고 빤히 쳐다본다.
운명이다.

주위를 빙빙 돈다.
말을 걸어오는 것 같아
과자 부스러기를 집어 건넨다.
큰 소리를 내며 쪼아 먹는다.
행복이다.

옆에서 인기척이 난다.

젊은 부부다.

나머지 열한 마리가 우르르 몰려간다.

뭔가를 주는 것이다.

나의 비둘기도 쪼르르 달려간다.

이별이다.

그녀도 그랬다.

나는 그녀의 고무줄놀이를 방해하는

많은 사내놈들을 혼내 주었다.

어느 날

한 녀석 앞으로 반 애들이 모여들었다.

사탕이었다.

서울 누나가 사 왔다는 것이다.

그녀가 저쪽에서 쭈뼛거리며 서있었다.

녀석이 말했다.

사탕 줄게 이리로 오라고.

그녀가 쪼르르 녀석에게로 갔다.

억장이 무너졌다.

조금만 천천히 가지.

영화 〈예감은 틀리지 않는다〉The Sense of an Ending를 보던 날, 저는 용기를 내서 카카오톡 채팅방의 문을 두드려 그녀에게 써놓은 편지를 보내 주었습니다. 보내 놓고 나니 괜한 걱정이 생기더군요. 과연 답장은 올까. 만일 온다면 어떤 내용의 답장이 올까. 조마조마한 마음으로 기다리게 되더군요.

내 기억에는 없는데 ….

딩동댕 도착 소리와 함께 그녀로부터 날아온 짧은 답장이었습니다.

이제 첫사랑에 대한 주책은 그만 떨고 노래방에 가서 예민의 〈어느 산골소년의 사랑 이야기〉를 부르면서 첫사랑의 이상에서 빠져나와 현실로 돌아와야겠습니다. 그러나 김기림 시인이 〈길〉 위에서 탄식한 것과 같이 그렇게 허무하게 놓지는 않겠습니다.

내 첫사랑도 그 길 위에서 조약돌처럼 집었다가 조약돌처럼 잃어버렸다.

제 2 장

J에게

편지 쓰기의 손맛

소설 《테스》에 이런 구절이 나옵니다.

어느 방향으로 가야 할지 도무지 갈피를 잡을 수 없었던 테스는 사방이 온통 산으로 둘러싸이고 넓게 탁 트인 녹색의 평원에 가만히 서있는데, 그 모습이 마치 무지무지하게 긴 당구대 위에 동그마니 앉아있는 파리를 닮아 있었다. 파리가 당구대에 아무런 의미가 없는 존재인 것처럼, 그녀 역시 그가 속한 자연 속에서 의미 없는 존재에 불과했다.

'테스'와 마찬가지로 당구대 위의 한 마리 파리와도 같았던 제가 의미 있는 존재로 거듭난 계기가 있었습니다. 바로 편지였습니다. 편지야말로 제가 하는 일, 즉 자신을 가치 있게 만드는 퍼스널 브랜딩 컨설팅을 실현하는 좋은 수단이기 때문입니다. 또한 편지 쓰기는 제가 타인에게 도움을 줄 수 있다고 여기는 중요한 가치이기도 했습니다. 그래서 내심 으쓱하기도 합니다. 나도 공덕功德 한다고 … 편지 공덕을 하고 있다고 말입니다.

편지를 받은 그들은 답했습니다.
"잘 읽었습니다. 감동입니다. 감사합니다."
"멋지고 의미 있는 편지, 너무 감사드립니다. 앞으로 저에게 잊을 수 없는 응원가가 될 거예요."
"감사합니다. 말씀해 주신 대로 결과와는 무관하게 제가 한 걸음 또 성장하는 데 큰 도움이 된 것 같습니다."
"성공의 기준에 대해 자네는 더 나은 생각을 하고 있는 것 같네. 아무나 할 수 없고, 또 숭고하다는 직업을 가진 내가 진정 성공한 사람이었다는 것을 자네의 글을 읽으며 생각했어."
편지를 쓰면 얻을 수 있는 가장 좋은 점은 '변화'인 것 같습니다. 나의 변화, 너의 변화, 그리고 우리의 변화. "당신 덕분에 큰 힘을 얻었습니다", "당신 때문에 보람을 느낍니다". 그렇게 우리는 편지로 한 발 한 발 더 인간답게 성장하는 것 같습니다.

살다 보면 어떤 경이로움에는 자신도 모르게 손뼉을 치게 됩니다. 차범근의 '6분에 세 골', 박세리의 '맨발 샷', 김연아의 '올림픽 금메달'이 그렇습니다. 나이가 들면서 추가되는 것들은 점점 많아집니다. 그중에 다음과 같은 것들이 대표적입니다. 총 작품 수 4,001편에, 등장인물 5,600여 명에 이르는 고은의 연작시, 이오덕·권정생의 편지 우정 30년, 5천여 통에 달하는 유치환의 연애편지. 내용의 찬란함은 물론, 양적 측면에서의 찬란함에 고개가 숙여집니다. 산을 옮긴다는 우공이산愚公移山의 기적이 바로 이런 이들을 두고 말하는 것 아닌가 합니다. 저도 깨달은 바가 있어 계속 편지를 쓰겠습니다.

그것뿐이 아닙니다. 편지에 관한 노래가 내 인생의 명곡으로 가슴속에 자리 잡는, 또 하나의 선물을 얻습니다. "세상에 아름다운 것들이 얼마나 오래 남을까"라고 노래한 윤도현의 〈가을 우체국 앞에서〉. "가을에는 누구라도 편지를 하겠어요, 누구라도 그대가 되어 받아주세요", 고은의 시에 김민기가 멜로디를 붙인 〈가을편지〉. "친구들아, 군대 가면 편지 꼭 해다오"라며 절규했던 김광석의 〈이등병의 편지〉. "가슴속 울려 주는 눈물 젖은 편지", 편지 노래의 고전 같은 어니언스의 노래 〈편지〉. "진정 행복하길 바라겠소, 이 맘만 가져가오", 입장에 따라 슬픔이 오가는, 최근 노래인 김광진의 〈편지〉까지. 그 밖에 많은 편지 노래를 부르게 됩니다.

편지를 써본 사람들은 압니다. 손수 쓴 편지는 단순히 안부를 묻고 정보를 전하는 것이 아니라 영혼을 나눈다는 사실을 말입니다. 전통의 손편지는 사라져 가고 그 자리를 휴대폰 문자와 카카오톡 등 SNS가 메우고 있습니다. 사실 그것도 일종의 편지입니다. 더 많은 사람이 그 중독성 있는 편지 쓰기의 손맛에 중독되기를 희망해 봅니다.

사표 내고 공부하신다고요?
평생 공부

새로운 배움의 가치로 충만하여
꽃과 나무, 벌과 나비와 함께
비상의 춤을 추는 아름다운 모습을 그려 봅니다.

　　　　　　　직원 Y가 회사를 그만둔다고 합니다. 공부를 하
고 싶다는 이유였습니다.

　미혼에 30대 중반의 나이였으니 쉽지 않은 결정이었을 것입니
다. 그녀의 배움을 응원하고 싶었습니다.

　Y 님.

　퇴사한다는 소식을 들었습니다. 갑작스레 웬 퇴사? 이유가 무엇인지
궁금했는데 공부하기 위함이라는 말에 놀라움과 신선함을 동시에
받았습니다. 더구나 공부하러 가는 곳이 저 멀리에 있는 영국이라고
요? 쉽지 않은 결정이었을 거라고 생각합니다. '어떻게 살 것인가?'라
는 물음에 30대 중반 미혼 여성의 대답이 영국 유학이라니, 걱정 반

기대 반의 마음이 드는 게 저만은 아닐 것 같습니다. 용기와 도전에 박수를 보냅니다.

제가 글이나 말에서 자주 언급하는 책이 하나 있습니다. 바로 신경숙 작가의 《리진》입니다. 조선 말 궁중무희 '리진'의 사랑과 삶을 다룬 소설입니다. 거기에는 '어떻게 살아야 할 것인가?'라는 질문에 대한 대답이 수북합니다. 특히, 제가 주목하는 개인 브랜딩 관점에서의 시사점은 매우 놀라울 정도입니다.

"이름을 통해야 우리는 비로소 그 존재를 들여다볼 수 있다. 왕이 그녀에게 내린 이름을 그는 거리낌 없이 받아들이고 불렀다. 춤을 출 때는 서여령女伶, 자수를 놓을 때는 서나인으로, 소아에게는 진진으로, 강연에게는 은방울로 불리었던 그녀는 이제 리진이었다."

책에서 왕비는 리진에게 당부의 말을 하는데, 이 대목이 하이라이트입니다. 왕비는 명성황후이고, 궁녀인 리진은 왕의 여인입니다. 그런데 왕비는 리진을 딸처럼 생각합니다. 한 남자(왕)를 두고 두 여자가 다툴 상황을 우려해 왕비가 리진을 프랑스로 보냅니다. 조선에 주재하는 프랑스 공사관이 리진을 연모한다는 명분으로 말입니다.

"이름의 주인이 어떻게 사느냐에 그 이름의 느낌이 생기는 게다. 사람들이 네 이름을 부를 때면 은혜의 마음이 일어나도록 아름답게 살라."

Y 님.

은혜의 마음이 일도록 아름답게 산다는 것은 어떻게 사는 것일까요?

초여름의 따스한 햇볕이 연둣빛 가로수 잎에 머물며 떠날 줄 모르던 어느 하루였습니다. 존경하는 선배와 귀한 시간을 함께했습니다. 예상은 했지만 그 선배의 생생한 인생 이야기는 나무에서 직접 과일을 따는 일처럼 흥미진진했습니다.

선배는 '야구를 통한 가치 창조'라는 입지를 위해 한눈팔지 않고 꾸준히 달려가고 있는 '실행열차'였습니다. 때로는 선배의 그 열차에 슬쩍 올라타고 싶은 마음이 생기기도 했습니다. 그는 60대 후반의 나이에도 여전히 열정적으로 활동하고 있습니다. 그 원동력이 무엇이냐는 저의 물음에 대한 선배의 대답은 오히려 단순했습니다. 몸 건강, 마음 건강, 그리고 공부였습니다. 특히, '학무지경'學無止境, 즉 배움에는 끝이 없다는 말을 좌우명으로 삼고 실천하는 선배님의 삶이야말로 아름다운 삶의 모습이 아닌가 생각했습니다.

최근 신문 인터뷰 기사를 보다가 말문이 턱 막혔습니다. 기사의 주인공은 바로 바둑의 조치훈 9단이었습니다.

"술 먹는 시간을 줄이고 열심히 공부했다면 더 잘했을 텐데, 하고 후회해요. 더 많은 승리나 타이틀을 놓쳐서만은 아니에요. 저 자신을 사랑할 수 있는 사람이 되고 싶었어요. 바둑만 보고 살아온 인생이잖아요. 게으름 피우지 않고 공부했다면 스스로 만족하는 바둑을 두었을 테고 나를 좀더 사랑할 수 있었겠지요."

조치훈이 누구입니까? 조치훈은 일본에서 대삼관大三冠(3대 기전 동시석권)과 그랜드슬램(7대 기전 정복)을 이룬 바둑의 신화입니다. 그의 입에서 이와 같은 말이 나올 줄 누가 짐작이나 했겠습니까? 열심히 공부하지 않아서 후회가 많다니요?

강력한 개인 브랜드가 된 사람의 이야기를 접하다 보면 '배움'이라는 공통점이 있습니다. 또한 '배움이야말로 요람에서 무덤까지'라는 말도 실감하게 됩니다. '옥은 다듬지 않으면 그릇을 이루지 못하고, 사람은 배우지 않으면 옳고 그름을 알지 못한다'라는 《예기》禮記(공자와 제자들이 중심이 되어 정리한 예禮에 관한 책)의 배움에 대한 가르침 또한 되새기게 됩니다.

우리 가까이에도 평생 공부를 실천하는 사람을 많이 볼 수 있습니다. 제 얘기라서 겸연쩍지만 저도 만 55세에 글쓰기 공부를 시작해 졸저 두 권을 출간하기도 했습니다. 배움은 '나'라는 개인 브랜드를 키우고 관리하는 방법 중 으뜸으로 놓아야 할 가치입니다. '구르는 돌에는 이끼가 끼지 않는다'는 말에서 구르기는 배움이라는 말과 다름이 아닐 것입니다.

Y 님.
축복의 길이지만 고행의 길이기도 한 배움의 길을 떠나는 Y 님에게 힘찬 응원의 박수를 보냅니다. 새로운 배움의 가치로 충만하여 꽃과 나무, 벌과 나비와 함께 덩실덩실 비상의 춤을 추는 Y 님의 아름다운 모습을 그려 봅니다.

둘 너는 인생도 남의 훈수에 따라 사냐?
꿈과 부모님의 기대 사이

인생의 궁극적인 목적은
자기다움의 완성인 것 같습니다.
더 단단해진 모습을 기대합니다.

후배 J가 고민이 있다고 찾아왔습니다. 하고 싶은 일을 하고 싶은데, 부모님이 반대한다는 것이었습니다.

후배는 전형적인 효자인데 이번 일로 인해서 자신의 꿈과 부모님의 기대 사이에서 힘들어하고 있었습니다.

그의 소신과 꿈에 공감하고 싶었습니다.

아버지가 얼굴을 붉히며 말한다.

"내 두 손을 봐라. 부끄럽게 살지는 않았지만 고생도 했고 설움도 많이 받았다. 기를 쓰고 너를 공부시켰다. 너는 나처럼 살지 않도록 하기 위해서다. 대기업에 다니는 네가 자랑스러웠다. 내 소원을 어느 정도 풀어준 것 같아서. 그런데 왜 회사를 그만두고 그런 일을 하려고 하니? 아비 말 듣지 않으려면 집에서 나가라. 네 인생 네 맘대로 혼자 살아라."

아들이 눈물을 흘리며 애원한다.

"아버지, 제가 원하는 삶이 무엇인지 한번 물어나 보셨나요? 뭘 하고 싶은지, 무엇을 좋아하는지 … . 그 회사 다니면서 저 자신을 잃어 버린 느낌이었습니다. 그 마음 아세요? 그리고 남의 시선이 뭐 그리 중요합니까?"

J 님.
일일 저녁 TV 드라마 내용 중 일부인데 지금 당신이 안고 있는 고민과 어쩌면 저렇게 닮았을까 놀라워서 소개해 봤습니다. 귀에 쏙 들어오지 않습니까? 드라마에서의 결론은 예상한 대로입니다. 아버지가 아들의 뜻을 꺾지 못하고 허락했습니다. 쓴 소주 한잔으로 속상함을 달래면서 말입니다.

부모와 자식의 갈등이 어찌 이뿐이겠습니까? 진로 선택이나 배우자 선택의 경우부터 심지어 손자 이름을 짓는 경우까지도 의견 충돌을 빚고는 합니다. 예전에는 자식이 무조건 아버지 의견에 따라야 했지요. 그러나 이 같은 얘기는 호랑이 담배 피우던 시절의 이야기입니다.

당신의 고민에 대한 저의 대답은 '선先 자기의 소신 관철하기, 후後 부모와 화해하기'입니다. 서로의 행복한 인생을 위해서입니다. 인생의 선택은 무조건 본인 책임입니다. 부모의 말씀은 조언인 것이죠. 게다가 성년인 당신의 경우는 더더욱 그렇습니다.

저의 어릴 적 꿈은 시골 중학교 국어 교사였습니다. 국어를 좋아하기도 했고 작문 숙제를 내고 창문 밖의 풍경을 바라보는 선생님의 모습이 멋져 보이기도 했습니다.

하지만 아버지의 기대는 달랐습니다. 대놓고 반대하지는 않으셨지만 교사라는 직업을 그리 탐탁하게 생각하지 않으셨습니다. 아버지의 조언에 따라 교사의 꿈을 접고, 신문방송학을 전공해 광고인 생활을 오래 했습니다. 그런데 지금 생각해 보면 교사라는 직업이 제 적성에 잘 맞을 것 같습니다. 만일 제 생각대로 교사의 길을 선택했더라면 인생이 어떻게 전개되었을지를 상상해 보고 쓴웃음을 짓고는 합니다.

'훈수꾼이 여덟 수를 더 본다'는 말이 있습니다만, 바둑에서 졌다고 훈수 둔 사람을 탓할 수는 없는 노릇입니다. 집 근처의 뚝섬유원지에는 어르신들이 편히 쉬고 운동도 할 수 있는, 이른바 시니어 존senior zone이 있습니다. 어르신들은 주로 게이트볼을 치거나 바둑이나 장기를 두곤 합니다.

어느 휴일, 사람들이 담장처럼 진을 치고 함성을 지르기에 기웃거려 보았습니다. 바둑 한판 대결의 승패가 판가름 난 순간이었습니다.

그런데 패자가 갑자기 화를 냈습니다. 바로 옆에서 훈수를 둔 사람에게 말입니다.

"자네가 훈수를 잘못 뒀어!"

곧이어 상대방으로부터 이런 대답이 나왔습니다.

"너는 인생도 남의 훈수에 따라 살았냐? 그따위로 살았으니 이 모양이지 … ."

바둑 한판이 주먹 싸움으로 변해 버렸습니다.

인생은 자신이 선택하고 책임지며 걸어가는 나그넷길입니다. 박경리 선생의 《토지》를 읽다 보면 많은 놀라움의 산을 넘게 됩니다. 그중 하나가 바로 600여 명에 달하는 등장인물에 관한 놀라움입니다. 시쳇말로 '꽂히는' 인물이 독자마다 제각각입니다. 박경리 선생은 '주갑'을 가장 안타깝게 생각했다고 합니다. 정이 많이 가는데 많이 써주지 못했기 때문이랍니다. 저는 김한복이라는 인물에 정이 많이 갑니다. 마치 진흙 속에서 피어나는 연꽃 같기 때문입니다. 그의 형 김두수는 일제 앞잡이며 악한 인물의 대표로 등장합니다. 아버지는 살인죄인이고 어머니는 그런 아버지 때문에 집 앞 살구나무에 목을 매 자살합니다. 그러나 김한복은 가정환경이 이러함에도 온전히 자신의 힘으로 삶을 지탱해 나갑니다. 그는 외롭고 힘든 독립운동가의 길을 갑니다. 밖으로의 유혹과 안으로의 욕망에 타협할 수도 있었는데 말입니다.

J님.

이청준 작가의 〈자기 높임을 위한 독서 권리〉에 함께 나누고 싶은 문장이 있습니다.

"우리는 실상 저마다 각기 그 크기와 높이가 다른 자신의(삶의) 산을 점지받고 태어난 독자적인 삶의 주체이다. 남의 길을 따라 자신의 삶을 오를 수는 없는 일이다. 남의 길을 따라서는 기껏해야 남의 봉우리를 뒤따라 오를 수 있을 뿐이다. 우리가 남의 길을 묻는 것은 그 길에의 매임이 아니라, 거기서 자신의 길을 찾아내어 자신의 산을 바르게 찾아 오르기 위함이다."

인생의 궁극적인 목적은 자기다움의 완성인 것 같습니다. 자기만의 신념을 가지고 자신을 존중하며 사는 삶인 것이죠. 타인에 의해 이리저리 휩쓸리지 않는 것이기도 하고요. 그러한 모습을 갖추기란 쉽지 않을 것입니다. 실수도 하고 비싼 수업료를 내기도 할 것입니다. 아버님과의 이번 일도 그러한 과정을 완성해 가는 하나의 관문일 것입니다. 그만큼 더 단단해진 '브랜드 J'의 모습을 기대합니다.

인생 한판에서는 특히 남의 훈수에 휘둘리지 말아야 한다.
한 번뿐인 인생, 자신의 인생을 살자.

셋　왜 당신을 뽑아야 하나요?
면접에 임하는 자세

당신의 꿈을 응원할 기회를 만나 감사합니다.
당신은 특별하다고,
<u>스스로 특별하게 생각해야 합니다.</u>

　　　　대학 후배 호虎가 핸드폰 문자 쪽지를 하나 보내
왔습니다. 까마득한 후배 한 사람이 최종면접을 앞두고 있는데,
그 친구에게 도움을 주었으면 한다는 내용이었습니다.

만나서 이야기하기도 어색해서 퍼스널 브랜딩 관점의 면접 자
세를 적어 보내 주었습니다.

그 후배는 결과와는 무관하게 한 걸음 성장하는 데 큰 도움을
받았다는 답장을 보내왔습니다.

S 님.
무더위를 이길 요량으로 스탕달의 《적과 흑》을 집어 들었습니다. 초
반에 주인공 쥘리앵이 가정교사로 입주하는데, 일종의 면접 같은 것

을 치릅니다. 시장 부인이 호기심 가득한 질문을 합니다.

"선생께서 라틴어를 하신다는 게 사실인가요?"

"선생님은 올해 나이가 어떻게 되시죠?"

"선생님 이름은 어떻게 되시죠?"

이러한 수준의 면접이라면 잘할 수 있겠다고 속으로 킥킥거렸습니다.

외부강의를 준비할 참으로 유튜브^{YouTube}에서 동영상 자료를 찾던 중에 〈무한도전〉 면접 특집 '면접의 신'을 보게 되었습니다. 다시 보는 것인데도 한참 웃었습니다. 제가 피면접인 그리고 면접관, 이 모두를 경험했기 때문인 것 같습니다.

우연일까요? 그즈음에 호^虎 국장으로부터 전화가 왔습니다. 당신이 H 회사에 최종면접을 앞두고 있으니 도움을 주었으면 좋겠다는 내용이었습니다. 오히려 도움이 되지 못할 것이라고 극구 사양했는데 막무가내였습니다. 하긴 저는 H 회사에서 오랫동안 근무한 경력이 있기는 합니다. 이러한 배경으로 당신에게 편지를 쓰게 되었습니다.

S 님.

우선 최종단계까지 오신 것을 축하합니다. 합숙 훈련까지 하면서 평가를 받았다고 전해 들었습니다. 제가 취업 준비생이었다면 참 어렵겠다는 생각을 합니다. 어찌 입주 가정교사에 대한 질문과 같겠습니까? 어찌 예능 프로그램의 웃음 터지는 면접과 같겠습니까? 피를 말리는 인생의 한판 승부지요. 마지막까지 힘을 내야 합니다. 저의 조언이 조금이라도 합격에 도움이 된다면 좋겠습니다.

면접은 당신이라는 퍼스널 브랜드를 런칭하는 중요한 이벤트입니다. 당신이라는 브랜드를 면접관이라는 고객에게 판매해야 한다는 가정인 것이지요. 당연히 당신만의 독특한 가치를 제안해야 합니다. 제 경험을 바탕으로 하나의 면접 가이드라인을 만들어 보았습니다. 일반적인 내용일 수도 있습니다만 당신의 것으로 소화해 실전에 활용해 보시기 바랍니다.

1단계, 워밍업입니다. 통상 자기소개를 합니다. 간결하게 하는 것이 좋습니다. 물론 주어지는 시간도 짧습니다. 1분 30초 정도, 길어야 3분 이내입니다. 당신의 비전이나 꿈, 지원동기 등을 포함하여 자신의 역량을 응축해 전달해야 합니다. 브랜드 용어를 빌려 표현하자면 '나'라는 개인의 차별적인 브랜드 콘셉트를 빵 터뜨리는 것입니다.

2단계, 본론입니다. 당신의 개인 브랜드 콘셉트를 구성하는 재료나 세부 속성을 가지고 면접자와 질문과 대답을 주고받는 단계입니다. 왜 이 회사에 입사하려고 하는가? 왜 회사는 당신을 뽑아야 하는가? 당신은 회사에 무엇을 제공할 수 있는가? 당신만의 '남다름'은 무엇인가? 당신의 기능적, 정서적, 감각적인 역량을 총동원하여, 유익한 가치를 제공할 수 있음을 어필해야 합니다. 업무 외에도 당신의 가치관, 인성, 사회성 등에 관한 질문에 대해 성실하게 답변할 수 있도록 준비해야 합니다. 인생의 '멘토'mentor(롤 모델)가 있는가? 이유는 무엇인가? 가훈 또는 좌우명도 종종 나오는 질문 중 하나입니다.

3단계, 마무리입니다. 브랜딩의 최종목표는 이름과 함께 좋은 연상을 만들어 내는 것입니다. 이름이나 수험번호를 풍부한 연상 재료로 삼기도 합니다. 감각이 있는 사람은 자신만의 멋진 콘셉트와 연계해 마무리를 짓기도 하지요. '저는 한마디로 말하면 이런 사람'이라고 똑 부러지게 정의하는 식입니다.

그 무엇보다도 중요한 것은 면접에 임하는 정신과 자세입니다. 특히, 질문에 답변할 때는 정확성과 간결함을 염두에 두어야 합니다. 두괄식 답변이 유리합니다. 즉, 결론부터 말하고 그 이유나 근거를 차례로 제시하는 것입니다. 진실하고 열정이 느껴지도록 대답하는 것은 기본입니다. 긴장할 이유가 전혀 없습니다. 그런다고 뽑아 주지도 않습니다. 차분하게 생각을 전달하면 됩니다.

준비를 잘하면 오히려 면접이 기다려진다고 하는데, 당신의 준비가 그랬으면 좋겠습니다. 실전 이상의 리허설이 하나의 방법입니다.

S 님.

이번에 합격하면 더 이상 바랄 것이 없겠습니다만 혹시라도 결과가 나쁘더라도 실망해서는 안 됩니다. 실수이건 혹은 다른 이유건 간에 더 좋은 결실을 향한 숙성의 과정이라고 여겨야 합니다. 대추 한 알이 붉어지는 것처럼 말입니다.

2018 러시아 월드컵이 한창입니다. 개막한 지 1주일, 현재 발군의 활약을 펼치는 선수는 포르투갈의 호날두 선수입니다. "실수 없이는 발전도 없다." 세계에서 공을 가장 잘 찬다고 평가받는 바로 그가 한 말입니다. 그에게도 많은 실수가 있었겠지만 그 실수를 줄이기 위해 피나는 연습을 했던 것입니다. 우리에게 익숙한, '실패는 성공의 어머니'라는 말과 맥락을 같이합니다. 이렇게라도 당신의 꿈을 응원할 기회를 만나 감사합니다. 당신은 특별하다고, 스스로 특별하게 생각해야 합니다.

넷   더 이상 배울 것이 없다고요?

가장 큰 배움, 사숙

당신의 변화에 도움이 되는
건강한 자극이었으면 좋겠습니다.

"지금 당장 내 방으로 오세요."

대표이사의 갑작스러운 호출이 있었습니다. 일 잘하는 직원 하나가 경쟁사로 옮겨 간다는 것이었습니다. 그런데 이직 사유가 문제가 되었습니다.

"여기서는 더 이상 배울 점이 없어요."

괘씸한 마음이 들었습니다. 그러나 마음이 약한 저는 편지를 보내는 것으로 대신해야 했습니다.

영英.

"더 이상 선배들에게 배울 것이 없습니다."

다른 회사로 옮겨 가는 명분이 꼭 이러한 말이어야만 했습니까?

한마디로 실망 그 자체입니다. 아니, 섭섭하기까지 합니다. 같이 먹은 밥그릇은 셀 수가 없지요. 함께 밤을 새운 날은 몇 날 며칠입니까? 함께 나눈 성공과 실패의 프로젝트는 그 끝을 헤아릴 수가 없습니다. 우리의 인연이 이런 정도의 수준이었나 하는 자괴감도 지울 수가 없었습니다.

과연 멋진 이별이란 무엇인가? 이별이 멋있을 수는 없는 것인가? 이런 철학적인 의문을 가져 보기도 했습니다. 좋아하는 시詩를 부여잡고 그 해답이 될 수 있을까 마음 쓰며 애태울 뿐이었습니다. 꽃잎 떨어짐은 가장 빠르고도 슬픈 이별의 순간이라고 합니다. 그래서일까요? 조지훈 님과 이형기 님은 〈낙화〉落花라는 절창絶唱을 우리에게 전해 주었습니다.

"꽃이 지기로소니 / 바람을 탓하랴 // 주렴밖에 성긴 별이 / 하나 둘 스러지고"(조지훈, 〈낙화〉).

"가야 할 때가 언제인가를 / 분명히 알고 가는 이의 / 뒷모습은 얼마나 아름다운가."(이형기, 〈낙화〉).

영英.

당신의 이직 거사擧事는 한편으로 저에게 깊은 반성의 계기를 만들어 주기도 했습니다. 당신에게 그렇게 허접스러운 인상만을 안겨 주었다는, 저를 포함한 선배들의 민낯이 백일하에 드러난 셈이니까요.

그러면서도 당신의 모습이 마냥 멋지다고는 말하지 못하겠습니다. 당신의 그러한 생각이 앞날을 가로막는 장애물로 작용할 것이 분명하기 때문입니다. 당신의 귀에 대고 제인 오스틴Jane Austen의 《오만과 편견》 한 문장을 크게 들려주고 싶은 마음입니다.

"편견은 내가 다른 사람을 사랑하지 못하게 하고, 오만은 다른 사람이 나를 사랑할 수 없게 만든다."

최근 아버님의 구순九旬 생신을 맞아 고향을 찾았습니다. 오랜만에 시골의 밤하늘을 바라볼 수 있었습니다. 별빛이 눈부시게 흘러내렸습니다. 자연스럽게 북두칠성을 찾아보고 북극성을 가리키게 되었습니다. 북극성은 많은 이에게 인생의 좌표 역할을 한다지요. 어느 지인은 성장 과정에서 길을 헤맬 때마다 바른길을 밝혀 주는 북극성의 존재에 감격하기도 했습니다.

당신에게 군이 북극성을 마음에 두라고는 하지 않겠습니다. 대신 '사숙'을 강력히 추천합니다. 사숙私淑의 사전적인 개념은 이렇습니다. 직접 가르침을 받지는 않았으나 마음속으로 그 사람을 본받아 도나 학문을 닦음. 스승으로 삼고 직접 가르침을 배운다는 사사師事와는 차이가 있지요. 요즈음 말로 롤 모델role model에 해당한다고 하겠습니다. 그러나 사숙이라는 단어가 깊이가 있고 무게가 있고 진지함이 있는 개념으로 다가옵니다. 사숙의 두 가지 사례를 들어 보겠습니다.

첫째는 많이 아는 경우일 텐데, '큰 바위 얼굴' 이야기입니다. 너새니얼 호손Nathaniel Hawthorne의 단편 《큰 바위 얼굴》을 다시 읽어 보기를 권합니다. 큰 바위 얼굴이 어니스트라는 소년의 생각을 늘 채워 주어 소년은 결국 큰 바위 얼굴이 되었습니다. 당신도 닮고 싶은 사람을 기다려야 그 사람이 당신에게 나타날 것입니다. 당신이 걷는 길에서 어려움을 만나거나 흔들림이 생길 때마다 그의 조언을 구하며 지혜를 발견할 수 있을 것입니다.

두 번째는 제 지인의 경우인데요. 나남출판사와 나남수목원의 조상호 회장입니다. 그의 사숙 대상은 청록파 시인으로 유명한 조지훈 선생입니다. 선비의 고결함이 그 어떤 논리적인 이유도 뛰어넘으며 소년 조상호의 마음을 뜨겁게 달구었다고 합니다. 그는 아들의 이름도 조지훈이라 지었습니다. 회사건물 이름도 지훈빌딩이라 했고, 지훈문학상도 제정하여 운영하고 있습니다. 사숙의 대상에 대해 스스로 보답을 실천하는 그의 모습은 우리가 또 다른 사숙의 대상으로 삼아도 부족함이 없을 것입니다.

가장 큰 배움은 스스로 스승을 찾는 방법인 사숙입니다. 당신에게 언행의 계도를 전해줄 인물, 즉 사숙의 대상은 시공을 초월하여 즐비합니다.

영英.

회자정리會者定離 거자필반去者必反, 즉 "만나면 헤어짐이 정한 이치이고 헤어지면 반드시 만난다"라는 익히 아는 말을 오늘의 마지막 잔소리로 삼겠습니다. 당신의 변화에 도움이 되는 건강한 자극이었으면 좋겠습니다. 걱정이 되기도 합니다. 당신의 까칠한 성격에 불을 지른 것 같기 때문입니다. 물론 선택은 당신이 하는 것입니다. 당신에게서 어찌 저런 화려한 변신이 일어날 수 있을까 하는 놀라움을 주는 나비의 변태를 기대해 봅니다. 다음에 다시 만날 때 나비처럼 아름답게 비상하는 당신의 모습을 그려보는 것도 저에게는 큰 기쁨일 것입니다.

다섯 이년아, 넌 도둑년이여

시간 약속

정확한 시간에 맞추어 살지 않으면
불편함과 무능함의 낙인만 얻을 뿐인걸요.

예전에 미국 드라마 〈두 얼굴을 가진 사나이 헐크〉가 큰 인기를 끈 적이 있었습니다. 그는 상황마다 서로 다른 캐릭터를 선보이며 스토리를 이끌어 갑니다. 하나의 신체에 상반된 두 인격이 존재하는 것입니다.

제가 아는 그도 넓은 의미의 두 얼굴을 가진 사람입니다. 너무도 똑똑한 모습의 그와 너무도 시간 약속을 잘 지키지 않는 또 다른 모습의 그. 그에게 시간 약속의 중요성을 전해 주고 싶었습니다.

June.

저에게 토요일 점심은 곤혹스러운 일 가운데 하나입니다. 저와 가족 간에 좋아하는 점심 메뉴가 각자 늘 다르기 때문입니다. 아내와 딸과 아들은 피자, 스파게티, 빵을 제안합니다.

"당신은요?"

아내의 형식적인 질문에 저는 이렇게 응답하곤 합니다.

"칼국수, 수제비, 라면."

이와 같은 차이로 저는 종종 토요일 점심을 외로이 '혼밥'으로 치르곤 합니다.

어느 토요일. 단골 칼국수 집을 찾았습니다. 혼자 밥 먹는 자리에 앉아 음식을 기다리고 있는데 몹시 시끄러운 소리가 들렸습니다. 뒤돌아보니 60대 중반은 돼 보이는 아주머니들이 거의 소음에 가까운 큰 소리로 수다를 떨고 있었습니다. 그녀들의 말이 너무 거칠어 주인에게 물어보니, 시골 초등학교 동창 모임이라는 것이었습니다. 그런데 그녀들이 하는 말 중에 귀에 턱 걸리는 말이 있었습니다. 그 말은 바로 제가 당신에게 하고 싶었던 말이기도 했습니다. 기분 나쁘시겠지만 한번 들어보시죠. 시간 약속을 잘 지키지 않는 친구가 있었나 봅니다.

"이년아, 넌 도둑년이여. 시간은 금인데 네가 제시간에 오지 않아서 우리가 시간을 제때 못 쓰게 됐으니 금을 훔쳐 간 것과 똑같아. 한두 번도 아니고 … ."

June.

당신과 약속이 있었던 그날, 저는 달리고 또 달렸습니다. 약속 장소가 처음 가보는 곳이기도 하고 강남역 인근에서 사전 미팅이 있었던 터라 마음이 다급했던 것이지요. 저만 그랬을까요? 다른 회원님들도 똑같이 그러했을 것입니다. 장대비까지 쏟아져서 더욱 마음을 졸였습니다. 뛰어 전철을 타고, 뛰어 환승하기를 반복했지요. 왜 그랬을까요? 약속 시각을 지키기 위해서지요. 우리들의 모임을 위해 … .

그런데 당신은 어떠셨나요? 1시간이나 지난 후에 나타났지요. 사전에 한마디의 언질도 없이 말입니다. 이러한 경우가 한두 번이 아니기에 몹시 화가 나더군요. 어떤 때에는 이상하다는 생각도 듭니다. 당신같이 매사에 똑똑하고 정확한 사람이 약속 시각만큼은 잘 지키지 않는다는 사실이 말입니다. 그날의 독서는 무의미했고, 음식도 무의미했고, 분위기도 무의미했습니다. 참사는 자연재해에만 해당하는 것은 아닙니다. 약속 안 지키는 것도 여러 가지를 망쳐 버리는 참사의 하나입니다.

June.

중학교 시절 선생님께서 하신 말씀이 기억에도 새롭습니다.

"약속, 특히 시간 약속은 목숨을 걸고 지켜야 한다. 약속은 살아가는 데 있어 내가 꼭 말해 주고 싶은 가장 큰 가치 중의 가치다. 약속만 잘 지키면 사회에 나가 밥은 안 굶을 것이다. 물론 공부까지 잘하면 그야 금상첨화겠지만 말이다."

버스를 기다리다 보면 도착시각이 전광판에 분 단위로 나타납니다. 언젠가 실제로 측정해 보기도 했는데 정확했습니다. 자주 이용하는 전철은 어떤가요? 2분 후, 5분 후 열차가 도착한다고 하면 특별한 경우를 제외하고는 정시 도착, 정시 출발을 합니다. 회사에서의 출근시간, 회의시간은 말할 것도 없습니다. 이처럼 갈수록 시간은 더욱 세심하게 우리를 압박하는 것 같습니다. 각박하지만 어쩔 수 없지 않습니까? 정확한 시간에 맞추어 살지 않으면 불편함과 무능함의 낙인만 얻을 뿐인걸요.

고객 회사에 추천한 채용 후보자의 면접을 진행하다 보면 황당한 경우가 생길 때가 있습니다. 면접 당일에 늦거나 심지어는 아무 연락도 없이 나타나지 않는 경우입니다. 이러한 사람은 업계에서 당연히 요주의 인물로 분류됩니다. 이른바 블랙리스트black list지요. 시간 약속을 쉽게 생각하면 신뢰를 쌓을 수 없고, 신뢰를 얻지 못하면 성공을 기대하기 어려울 것입니다. 응당 멋진 개인 브랜딩은 멀어져 가는 것이죠.

June.
"만일 당신이 약속시각보다 일찍 도착한다면 당신은 걱정이 많은 사람이다. 만일 늦게 간다면 도발가挑發家, 그리고 정확히 시간에 맞춰 간다면 강박관념의 소유자, 만일 영영 가지 않는다면 머리를 의심해야 할 것이다"(앙리 장송Henri Janson).

제가 가장 좋아하는, 시간에 관한 명언입니다. 바로 '도발가'라는 단어 때문입니다. 도발은 우리에게 익숙한 단어입니다. '북한 도발' 하면서 말입니다. 아마 가장 나쁜 행위를 뜻하는 말이기도 할 것입니다. 사전적인 의미도 이를 뒷받침합니다. 도발挑發, provocation은 '화를 돋아(도挑) 일이 일어나게(발發) 함' 또는 '남에게 집적거려 일이 일어나게 하다'라고 풀이됩니다. 만일 당신이 다음번 모임에도 약속시간을 제대로 지키지 않는다면 당신의 귀는 더욱 간질간질해질 것입니다. 당신에 대한 '뒷담화' 소리가 높아지고 그 시간도 더 길어질 테니까요.

약속 장소에 최소한 5분 먼저 와서 기다리다가 번쩍 손짓으로 우리를 맞는 당신의 모습을 기대해 봅니다.

여섯　미끄럼틀이 아닌 시소를 타세요
원활한 소통을 위하여

당신이 늘 강조하는 말이기도 합니다.
"힘을 빼자."
힘을 빼는 수평적 관계, 곧 소통의 시작입니다.

독서 모임 2주년을 자축하기 위해 경기도 양평 서종면으로 워크숍을 갔습니다.

회원 중에 케이블 TV 여성 CEO가 한 분 있습니다. 그녀가 한숨을 쉬었습니다. 즐거운 워크숍 행사가 시작되기도 전에 말입니다.

"미쳐 돌아 버리겠습니다."

그녀의 고민을 조금이나마 덜어 주고 싶었습니다.

B 님.

우리가 만난 지 어언 2년이 되었습니다. 매월 한 번씩 빠짐없이 모임을 가졌으니 24번을 만났고 좋은 책 24권을 함께 공유했습니다. 고전에서부터 최신 이슈작, 시, 희곡 ….

그 결과, 지식은 물론이고 지혜의 높이도 더 높이 올라선 듯합니다. 저는 친구들에게 너스레를 떨기도 했습니다. 지식의 무게가 너무 무거워서 머리 들기가 어렵다고 말입니다. 물론 되돌아오는 것은 비아냥거림 세례뿐입니다. 그래도 즐겁습니다. 책을 가까이한 덕분입니다.

그날 양평 서종면 문호리의 강바람은 시원했고 밤하늘은 눈부셨지요. '문호리리버마켓'이 성황을 이루는 등 하루가 다르게 움트는 새로움의 진면목을 체감하기도 했습니다. 그러나 안타까웠습니다. 우리의 2주년을 자축하기에 앞서, 당신의 고민을 들었기 때문이었습니다. 늘 당당한 당신이었기에, 그런 고민을 이야기하리라고는 전혀 예상하지 못했습니다.

당신의 고민은 이러했지요. 능력이 있다는 남자 부하를 스카우트했다, 그런데 관계가 이상하게 흘러간다, 눈을 마주하지 않는다, 직접 보고도 하지 않는다, 대표이사 혹은 CEO라는 호칭도 하지 않는다, 일도 알아서 하지 않고 책임 회피만 일삼는다, 그런 사람이 아닌데 왜 그러는지 모르겠다, 여자 상사라서 무시하나, 고민된다.…

B 님.
'걱정만 해서 걱정이 없어지면 걱정이 없겠네.' 티베트의 속담인데 부질없는 걱정에 대한 경계의 의미를 담고 있습니다. 어느 선배는 제가 고민을 토로할 때마다 냉정하게 이렇게 말하더군요.

"당신은 문제에 직접 맞서지 않는 것 같아."

이 말을 당신에게 드리고 싶습니다. 문제에 직접 부딪히는 것이 문제를 해결하는 최선의 방법입니다. 고민의 핵심에 도달하지 못하면 더 큰 문제가 나타납니다. 바로 의심과 오해라는 쌍둥이 괴물입니다. 그 남자 부하는 당신의 의견에만 기초해 보면 '당장 해고'가 유일한 해결방법일 것입니다. 그러나 그 사람의 의견을 들어 보지 않았으니 이것은 섣부른 판단이지요.

결론적으로 당신의 고민에 대한 저의 제안은 '소통'입니다. 소통 부족이 당신 고민의 근원입니다. 소통 능력은 리더십 구축이나 개인 브랜딩에 있어 필수요소입니다. 현재 당신을 고민의 늪에 몰아넣고 있는 그 이상한(?) 부하는 아마도 당신의 소통 능력을 테스트하고 있는지도 모릅니다.

어느 소통 전문가는 소통을 두 가지 놀이기구로 설명하더군요. 미끄럼틀과 시소가 바로 그것입니다. 핵심을 말하자면 '미끄럼틀을 타지 말고 시소를 타라'는 것입니다. 이는 무슨 소리일까요?

잘 아시듯 미끄럼틀은 어느 정도 경사를 이루어 위에서 아래로 내려오게 되어 있습니다. 소통은 이러한 형태가 되어서는 안 된다는 것입니다. 상명하달의 일방적 소통이기 때문입니다. 이러한 형태에서는 아래의 의견이 위로 올라가지 못합니다. 빠른 미끄럼 때문에 겉으로는 소통이 잘 되는 것 같아도, 속으로는 '뒷담화' 등 불평투성이의 불통인 것입니다.

바람직한 소통의 형태는 시소에서 찾을 수 있습니다. 시소는 몸무게가 비슷한 상대방끼리 서로 몸의 추임새를 주고받으며 즐거움을 공유하는 놀이기구입니다. 오르락내리락하기를 반복하면서 말입니다. 소통의 형태도 이와 같아야 한다는 것입니다. 그러기 위해서는 나와 상대방과의 수평적 관계가 선행되어야 합니다. 몸무게가 비슷한 사람이 시소를 타야 재미있는 것처럼 말이죠.

조직에서도 파트너십을 존중해야 수평적 관계가 형성될 수 있을 것입니다. 당신은 조직원과 수평적 관계입니까? 혹시 여성 CEO라는 힘이 몸에 잔뜩 배어 있는 것은 아닙니까? 정답은 당신이 좋아하는 골프에서 찾을 수 있습니다. 이것은 당신이 늘 강조하는 말이기도 합니다.

"힘을 빼자."

힘을 빼는 수평적 관계, 곧 소통의 시작입니다.

B 님.

우리가 함께 읽었던 추리소설 《붉은 낙엽》의 한 장면이 떠오릅니다. 그 작품은 의심과 오해로 한 가족이 서서히 무너져 내리는 안타까움을 그려내고 있습니다. 작가가 전하고자 하는 궁극적인 메시지는 바로 '소통'이었습니다. 그런데 의심이 소통의 방해물 역할을 합니다.

즉, 의심을 지워야 비로소 소통이 생겨나고, 그렇지 못하면 비극이 발생하죠.

"의심은 산酸이다. 그게 내가 아는 한 가지다. 산은 물건의 매끄럽게 반짝이는 표면을 먹어 치우고 지워지지 않는 흔적을 남긴다. 영화 〈에이리언〉Alien의 한 장면에서 에이리언이 부식성이 강한 액체를 토하자, 그 액체는 순식간에 우주 정거장의 한 층을 먹어 치웠다. 차례로 다른 층까지 먹혀들어 갔다. 내 생각에 그 액체는 의심과도 같았다. 의심은 아래로 내려갈 수밖에 없고, 오랜 신뢰와 헌신의 수준을 차례차례 부식腐蝕시키며 더 낮은 수준으로 내려간다. 의심은 언제나 바닥을 향한다."

'세상을 바꾸는 부드러운 힘'. 어느 여대의 브랜드 슬로건인데 당신의 개인 브랜드에도 잘 어울리는 슬로건인 것 같습니다. 고민에 대한 해법도 당신의 브랜드 이미지와의 연장선에서 이루어져야 합니다. 당신의 부드러운 힘으로 그 남자 부하에 대한 고민을 부드럽게 해결하길 바랍니다. 언제나 당신의 부드러운 힘을 응원합니다.

일곱　I was car

엉뚱한 아이에게

붉은 튤립 속에 흰 튤립 한 송이가 끼어 있었습니다.
당신은 바로 그 흰 튤립 같습니다.

첫날 서로 인사를 나누는 시간을 가졌습니다.

통통 튀는 한 여학생이 있었습니다. 그 여학생은 강의가 종료
되는 그 시점까지도 계속해서 통통 튀었습니다.

그런 그녀도 고민이 있었습니다.

"저를 '엉뚱아이'(돌아이)로 취급해요."

그녀의 남다름을 응원하고 싶었습니다.

W 님.

"선생님, 남자친구 좀 소개해 주세요. 나이가 많아도 좋고 적어도 좋
아요."

첫인사를 이렇게 하는 사람은 지구에서 당신밖에 없다고 생각합

니다. 모두가 A라고 할 때 B라고 말한다는 어느 광고가 생각났습니다. 눈이 녹으면 물이 된다고 대답하는 사람과 달리, 봄이 온다고 말하는 사람도 생각났습니다. 어느 날 서울숲에서 튤립 축제가 벌어지고 있더군요. 붉은 튤립 속에 흰 튤립 한 송이가 끼어 있었습니다. 당신은 바로 그 흰 튤립 같습니다. 남다른 당신.

당신의 고민은 무엇입니까? 남들이 당신을 엉뚱한 사람으로 본다고요? 왜 그것을 고민으로 생각했나요? 그래서 나타나는 부작용은 무엇인가요? 당신의 경우와 비슷한 사례를 찾을 수 있었나요? 혹시 당신의 그러한 면이 오히려 눈에 띄는 훌륭한 장점임을 생각해본 적은 없는지요? 저의 결론은 당신이 팔색조의 매력덩어리라는 것입니다. 당신은 특별한 사람이라고 자부심을 가져도 충분합니다. 당신의 매력을 당신의 어록에서 몇 가지 꼽아 보겠습니다.

하나, 당신에게서 비움과 낮춤의 철학을 배웁니다.

"I was car."

저는 처음에 이 말이 무슨 뜻인지 몰랐습니다. 나는 차였다? 뒤늦게 그 심오한 의미를 알 수 있었습니다. 당신의 흰 도화지 같은 솔직함이 저를 감동하게 했습니다. 당신은 자신을 한없이 낮추면서 많은 사람에게 웃음과 감동을 주었습니다.

당신은 작은 거인입니다. 비록 신장은 남보다 작을지 몰라도 아이디어의 크기는 거인입니다. 미래 성장 가능성도 역시 거인입니다.

마치 상암동에 나폴레옹이 온 듯합니다. 키가 작았던 나폴레옹은 말했다지요.

"키를 하늘에서 잰다면 내가 제일 큰 키다."

작은 거인의 당당함이 느껴지는 말이 아닐 수 없습니다.

둘, 당신에게서 위대한 크리에이터creator의 영감을 배웁니다.

당신에게 호기심의 색이라는 주황색의 빛이 반짝입니다. 당신은 이미 많은 저작물을 만들어 냈는데 그 저작물의 영감을 어디에서 얻었느냐고 물었을 때 이렇게 대답했지요.

"자꾸 꿈속에서 누가 말해요. 저는 그냥 그것을 받아쓰고 그림으로 그린 거예요."

당신의 이야기는 위대한 예술가의 창작 비결과 다르지 않기에 주위 사람들을 충분히 놀라게 했지요.

예전에 창의성 강의를 한 적이 있는데 한 지인이 초등학생의 기막힌 답안지가 요긴한 강의 자료가 될 수 있다면서 몇 가지를 건네주더군요.

"문제, 옆집 아주머니께서 사과를 주셨습니다. 뭐라고 인사해야 할까요? 답, 뭘 이런 걸 다 ⋯ ."

"문제, '엄마아빠'로 사행시를 지으시오! 답, 엄마는 마덜! 아빠는 빠덜!"

당신이 바로 그 답안지를 작성한 주인공이었다니 놀랍습니다. 이

것은 당신이야말로 모태母胎 창조인임을 증명해 주는 결정적 사례의 하나입니다.

셋, 당신에게서 니체Friedrich Nietzsche의 초인超人정신을 배웁니다.

"나는 최고의 외계인이 된다."

당신이 스스로 공개한 당신의 목표입니다. 외계인은 일차원적으로는 "특이하다, 4차원이다"라는 의미로 받아들이지요. 그러나 사람들은 실제로는 다음과 같은 인식도 합니다. "독창적이다, 눈에 띈다, 아니, 천재다". 당신의 경우가 그렇습니다. 당당히 외계인의 길을 걸어가십시오. 머지않아 당신의 무대가 펼쳐질 것입니다.

니체는 초인에 이르는 3단계를 주장했지요. 낙타의 단계, 사자의 단계, 어린아이의 단계. 그중에서도 어린아이의 단계가 가장 고차원의 단계라고 말합니다. 저는 아직도 낙타의 단계도 벗어나지 못하는 실정임을 감안하면 당신이 마냥 부러울 따름입니다. 타인이 당신에게 이야기하는 '엉뚱아이'는 한 귀로 듣고 다른 한 귀로 흘려야 합니다. 어린아이의 단계에서 빛나는 당신이 부러워서 그런 말로 표현하는 것입니다.

W 님.

최근, 애플Apple이 언론의 집중 조명을 받았습니다. 미국 상장사 최초로 시가 총액 '1조 달러 클럽'에 가입했기 때문이죠. 또 하나의 새로운 이정표를 세운 것입니다. 애플의 힘은 무엇이었을까요? 여러 요인이 있겠지만 저는 '다르게 생각하라Think Different!'를 우선으로 꼽고 싶습니다. 창업자 스티브 잡스의 철학이자 애플 식구들을 하나로 묶는 이념입니다. 광고에서는 이렇게 구체화한 메시지로 표현했습니다.

"여기 미친 이들이 있습니다. 혁명가. 문제아. 하지만 이들은 사물을 다르게 봅니다. 다른 이들은 미쳤다고 말하지만, 저희는 그들에게서 천재성을 봅니다. 미쳐야만 세상을 바꿀 수 있다고 생각하기 때문입니다."

광고에서는 이런 메시지와 함께 간디, 아인슈타인, 에디슨, 피카소와 밥 딜런, 무하마드 알리까지 세상을 바꾼 인물들이 차례로 등장합니다.

애플의 메시지에서 당신을 봅니다. 지금은 '엉뚱아이'지만 당신은 머지않아 한국의 잡스와 같은 퍼스널 브랜드가 될 것입니다. 당신의 엉뚱함을 응원합니다.

여덟 **나 어떡해, 나 어떡해**
불행열차로 가는 술

동트기 바로 전이 가장 어둡다고 했습니다.
술 때문에 고뇌하는 지금, 아마도 마지막 어둠의 터
널을 지나는 중일지도 모릅니다.

선배를 만났습니다. 걱정이 있다고 하더군요.
"술을 먹으면 자꾸 필름이 끊어져."
선배 걱정이 아니라 바로 제 걱정이었습니다.
감히, 주도酒道를 이야기하지 않을 수 없었습니다. 반성하지 않
을 수 없었습니다.

신 형兄.

한때 최고의 인기 콘텐츠였던 〈대학가요제〉를 기억하시죠? 제 기억
으로는 그 시발점이 〈나 어떡해〉라는 노래였다고 생각합니다. 실제
로 그 노래는 7080 시대를 풍미했습니다.

같은 모습 다른 느낌이라는 말이 있지요. 깜짝 놀랐습니다. 형님

으로부터 "나 어떡해"라는 말을 듣고서 말입니다. 웃어야 할지 울어야 할지 모르겠습니다. 형님의 고민인즉슨 술을 먹고 나서 이른바 필름이 자주 끊겨 "나 어떡해" 할지 모르겠다는 말이었지요.

이 같은 술의 어지러움酒亂은 비단 형님만의 문제는 아닐 것입니다. 아마도 저를 포함한 인류의 보편적인 문제일 것입니다. 그래서 속 시원한 해답을 얻기가 쉽지 않습니다. 더구나 저도 술에 관해서는 죄인입니다. 술은 저의 많은 약점 가운데 하나입니다. 제가 감히 형님께 말씀드릴 입장이 되지 못합니다. 뭐 묻은 사람이 뭐 묻은 사람에게 어찌 조언할 수 있겠습니까? 그럼에도 이렇게 펜을 든 것은 이참에 저도 통렬한 반성문을 써야겠다고 생각했기 때문입니다.

신 형兄.

술은 극단적인 이중성을 가진 대표적인 존재입니다. 술은 백약 중 으뜸의 보약補藥이라고도 하고 또한 광약狂藥이라고도 합니다. 잘 마시면 보약같이 온몸을 좋게 하지만 잘못 마시는 반대의 경우에는 사람을 패가망신하게 만들기도 합니다. 시인 보들레르Charles Baudelaire는 "노동은 나날을 풍요롭게 하고, 술은 일요일을 행복하게 한다"고 말했습니다. 잘 마시면 약이지만 잘못 마시면 독이 되는 술, 그 술을 우리는 어제도 마셨고 또 내일도 마실 것입니다.

안타깝게도 사실 우리에게는 보약으로의 술보다는 광약으로의 술이 압도적으로 우세합니다. 그래서 예로부터 술에 대한 경계의 말이

끊이지 않았습니다. 그중 하나가 '음주십과'飮酒十過입니다. 불경에서 인용한, 술로 인한 열 가지 허물을 말합니다. 일일이 다 열거할 수는 없지만 몸을 망가뜨리고 마침내 인생을 망치기까지 한다는 의미를 담고 있습니다.

음주십과의 주원인은 '필름 끊김 현상'black out입니다. 이는 바로 음주 비극의 전조이기도 합니다. 형님이 고민스럽다는 바로 그 현상입니다. 물론 저도 마찬가지입니다. 술에 대한 경계의 강도를 높이는 의미에서 그 폐해를 좀더 세부적으로 살펴보겠습니다. 저는 필름 끊김 현상을 세 가지 유형의 열차로 비유합니다. 절대로 타서는 안 되는 열차이기도 합니다.

첫 번째, 치매痴呆열차. 필름이 자주 끊기면 기억상실로 이어집니다. 2014년 노벨문학상을 받은 파트리크 모디아노Patrick Modiano의 《어두운 상점들의 거리》에는 기억상실에 의해 바스러진 과거를 추적하는 내용이 담겨 있습니다. 자의가 아닌 타의에 의한 기억상실을 고발합니다. 이와는 반대로, 술로 인한 필름 끊김 현상은 남이 아닌 오로지 자기 자신에 의한 기억상실입니다. 이보다 허망한 일은 어디에도 없을 것입니다. 도착지는 단 하나입니다. 바로 '치매역'뿐입니다.

두 번째, 타살열차. 필름 끊김 현상은 심각한 위험을 내포하고 있습니다. 한 번, 두 번은 운 좋게 넘어갈 수 있습니다. 그러나 끔찍한 사고에 직면할 가능성은 측정할 수 없을 만큼 높습니다. 이는 타인에게 치명적인 해를 끼치는 결과를 초래합니다. 방뇨, 음주운전, 성폭력, 살인, 방화 등으로 이어지며, 도착지는 '인간쓰레기역'입니다.

세 번째, 자살열차. 필름 끊김 현상은 곧 죽음입니다. 자살했다가 마치 부활하듯 다시 살아나는 것과 같습니다. 아주 운 좋게 말입니다. 스티브 잡스처럼 죽음의 문턱에 갔다 온 사람들은 인생을 더욱 진지하고 열정적으로 대한다고 합니다. 그러나 과음으로 인한 죽음 연습의 반복은 고귀한 삶에 대한 천박한 도전이 아닐 수 없습니다. 스스로 자살열차의 핸들을 잡는 행위와 다를 바가 없습니다.

신 형兄.

치매나 죽음과 같은 '불행열차'를 타지 않는 방법은 간단합니다. 절제입니다. 결국 최고의 음주법이 무엇이냐가 관건이 됩니다. 정답이 있는 곳은 단 한 곳뿐입니다. 바로 자신의 마음속입니다.

동트기 바로 전이 가장 어둡다고 했습니다. 술 때문에 고뇌하는 지금, 아마도 마지막 어둠의 터널을 지나는 중일지도 모릅니다. 술독에서 깨어나 광명의 시간이 시작되는 시점일 수도 있습니다.

연말입니다. 술의 유혹이 더욱 강해지는 시점입니다. 자나 깨나 불조심은 기본이고, 이제 자나 깨나 '술조심'입니다. 늘 건강한 당신의 모습을 응원합니다. 개인 브랜딩이란 자신을 보석처럼 갈고닦는 일인데, 음주 관리도 그중의 하나라고 말씀드리고 싶습니다.

아홉   # 아름다운 버팀목
가만한 위로

등대처럼 불을 밝혀
가족의 항해를 도와줘야 합니다.
그것이 가장 아름다운 버팀목의 모습일 것입니다.

동창이 사랑하는 남편 상喪을 당했습니다. 슬픔
이 가득했던 그녀의 큰 눈이 자꾸만 눈앞에 어른거렸습니다. 그
날따라 첫눈이 푹푹 내렸습니다.
작은 위로의 말 하나라도 전하고 싶었습니다.

S 님.
그날은 첫눈이 마치 대설처럼 푹푹 내렸습니다. 잠시, 첫눈은 무엇
을 상징하는가에 관해 상념에 잠기기도 했습니다. 결국은 하얀 눈도
그 눈을 바라보는 마음의 모양새에 따라 천차만별인 것 같습니다. 강
아지에게는 기쁨일 수 있지만 누구에게는 걱정 어린 한숨일 수 있으
니까요. 물론 그날의 첫눈은 경사로움을 알리는 서설瑞雪이 아니었습

니다. 아니, 그와는 정반대의 눈이었습니다. S 님과 관련된 슬픈 소식을 싣고 왔으니까요.

"S 님의 부군 K 님께서 오늘 새벽에 별세하셨습니다."

사실, S 님은 어디 하나 부족한 점이 없는 행복한 사람입니다. 저를 비롯해 S 님을 아는 많은 사람의 공통된 견해입니다. 객관적으로 좋은 직업을 가진 맞벌이 부부, 좋은 학교에 다니며 유망한 전공을 하는 자식들까지. 이러한 사실에 평소에 S 님과 부군의 집안도 역시 그러할 것이라 생각했습니다. 그런데 이러한 생각이 선입견이었음을 알았습니다. 문상을 갔을 때, 쓸쓸한 빈소殯所의 모습을 보고 매우 안타까웠습니다. 그 안타까운 마음을 달래고자 스스로 이렇게 펜을 들었습니다.

S 님.

우리가 경험하는 아픔 가운데 가장 큰 아픔은 가족 상실의 아픔일 것입니다. 부군을 먼저 하늘나라로 떠나보낸 사람의 아픔은 경험하지 못한 사람은 이해할 수 없을 것입니다. 세계적 부부애, 역사적 부부애라는 찬사를 받았던 S 님이기에 그 아픔은 비교할 수 없이 크게 느껴질 것입니다.

저의 지인 중에도 S 님과 같은 아픔을 겪은 이가 있습니다. 그녀의 남편도 대학생 아들과 딸을 남기고 홀연히 하늘나라로 가버렸습니다. 자신은 홍수가 쓸고 간 진흙더미에서 신음하는 벼 이삭 같았다고 당시의 심정을 말하곤 했습니다. 그런 그녀가 지금은 새 출발을 해서 예전과 다름없는 힘찬 생활을 하고 있습니다. 이른바 그녀의 '버팀목 작전'인데, 크게 4가지의 전술을 담고 있습니다.

하나, 이럴 때일수록 자신을 더욱더 강하게 만드는 것입니다. 당신은 가족의 버팀목이기 때문입니다. 버팀목은 든든함이 본질입니다. 버팀목이 강건하지 않으면 구조물 역시 강건할 수 없고 붕괴합니다. 등대처럼 불을 밝혀 가족의 항해를 도와줘야 합니다. 그것이 가장 아름다운 버팀목의 모습일 것입니다.

둘, 현재 하는 일에 더욱 집중하는 것입니다. 일에 집중하는 동안에는 슬픔의 감정도 잠시 자리를 비웁니다. 집중을 통한 치유 효과를 얻는 것입니다. 슬픔 극복 전문가인 리아나 챔프Lianna Champ 박사는 "사랑하는 사람을 잃거나 이별을 겪었다고 해도 당신의 남아 있는 삶을 긍정적으로 이끌어 가야 한다. 진심을 다해 매일 모든 것을 용서하라"라고 강조하고 있습니다. 용서의 나머지 에너지는 현재의 일에 쏟아부어야 할 것입니다.

셋, 인간관계를 더욱더 강화하는 것입니다. 자칫하면 고립되어 외톨이가 될 가능성이 큽니다. 스스로가 바람 앞의 촛불로 느껴져 심하면 우울증세로 이어집니다. 이를 극복할 수 있는 것은 개방이고 어울림입니다. 아픔은 나눠야 합니다. 주위의 다른 소중한 사람들과 소통해야 합니다. 그들과 함께 일상생활로 다시 돌아갈 힘을 얻을 수 있을 것입니다.

넷, 그녀는 마지막으로 일기를 쓸 것을 권했습니다. 전문가가 추천해서 실천했는데 효과가 좋았다고 합니다. 그녀가 느꼈던 좌절감, 슬픔, 그리움, 이 모든 감정을 일기에 쏟아 냈다고 합니다. 그녀는 일기를 쓰면서 사별의 감정을 극복하고 나아가 죽음 그 자체를 이해하는 데 이르렀다고 했습니다.

혹자는 박완서의 《한 말씀만 하소서》를 읽어볼 것을 권하기도 합니다. 그녀는 남편 잃은 지 석 달 만에 외아들마저 하늘나라로 떠나보내야 했습니다. 스스로 미치지 못한 것이 저주스러웠던 그녀는 몇 날 며칠을 '하느님과 대결하며' 살아야 했습니다. 그녀는 심정을 이렇게 털어놓았습니다.

"자식을 앞세우고도 살겠다고 꾸역꾸역 음식을 입에 처넣는 어미를 생각하니 징그러워서 토할 것만 같았다."

슬픔의 객관화도 슬픔을 이겨내는 좋은 방법 중 하나라고 합니다.

S 님.

이 모든 것에 오롯이 혼자서 부딪쳐 극복해 내야 하기에 더욱 안타까운 마음을 거둘 수가 없습니다. 그러나 지금 한없이 슬프더라도 내일을 위해서는 슬픔 속에서도 의미를 발견해야 할 것입니다. 바로 변화의 의미입니다. 비록 원치 않았던 변화지만 그래도 변화는 변화입니다.

현재의 슬픔을 새로운 성장의 전환점으로 삼기를 바랍니다. 미운 사람에게 할 수 있는 가장 큰 복수는 내가 잘사는 것이라는 말이 있습니다. 비슷하게, 고인에 대한 가장 큰 보답은 S 님이 늘 그랬던 것처럼 밝고 건강하게 잘 사는 것일 것입니다. S 님의 건승을 기원합니다.

열 그래도 우리는 곱게 써가야 해
인생 2막을 위하여

그대도 인생 2막의 멋진 주인공이 되기를
기원하고 또한 응원합니다.

초등학교 친구들과 1박 2일 일정으로 나들이를
갔는데, 갑자기 급한 일이 생겨서 아침 일찍 출발해야 했습니다.
친구 한 명도 똑같은 사정이 생겼습니다.

차를 타고 오는 동안 살아온 이야기, 살아갈 이야기를 했습니
다. 열심히 살아온, 그리고 열심히 살아갈 서로의 등을 두드려
주고 싶었습니다.

봄비 님에게.

9월 첫 주 일요일 아침 7시경. 그날, 서늘한 바닷바람은 가을이 가까이
왔음을 알려 주었고 그대와 나는 대부도에서 은평구까지 이른바 번개
동행을 했습니다. 짐작조차 할 수 없었던 일이었는데 일과 시간이라

는 공통점이 있었기 때문에 가능했던 일이었습니다. 당직시간이 급한 그대, 원고 마감시간이 급한 나. 한 치 앞을 알 수 없는 게 인생이라는 말처럼 당신과의 각본 없는 1시간 동행은 그렇게 이루어졌습니다.

많은 이야기가 오고 갔습니다. 그대의 질문은 크게 두 가지였지요. 하나는 지금까지 살아온 그대에 관한 것이고, 나머지 하나는 앞으로 살아갈 그대에 관한 것이었습니다. 어찌 보면 누구나 마음속에 지니고 있는 질문일 수도 있겠습니다. 특히, 60대 장년의 문턱에 다다른 그대나 나에게는 지금 당장의 현실 문제이기도 했지요.

내가 어찌 정답을 이야기할 수 있겠습니까마는 그대와의 좋은 인연의 시작이라 여기며 평소의 소견을 말씀드리고자 합니다. 넓은 양해 바랍니다.

"친구 중에는 고위 공무원, 박사, 대기업 임원 등 성공한 사람들이 있는데 나는 그렇게 살지 못했다."

그대의 첫 번째 이야기이자 질문은 다음과 같은 것이었습니다. 결론적으로 말해, 그대는 지나치게 겸손합니다. 겸손이 지나치면 오히려 결례가 될 수도 있습니다. 35년을 공직에 봉사하고 있는 그대야말로 가장 성공한 사람입니다.

'2018 세계소방관경기대회'의 슬로건이 그대의 모습을 잘 말해 주고 있습니다.

"영웅들의 서막! 뜨거운 심장을 가진 영웅들의 축제를 시작하다"

희생과 봉사는 아무나 할 수 있는 일이 아니다.
"친구야, 자네가 제일 성공한 인생이야."

그대가 지금 하고 있는 소방관의 일, 즉 국민의 안전과 생명을 최우선으로 하는 그 일은 말 그대로 아무나 할 수 있는 일이 아닙니다. 그렇기 때문에 그 일에 종사하는 사람들이 전 세계 공통적으로 존경을 받는 것입니다. 당신이야말로 진정 영웅 중의 영웅입니다.

"퇴직이 얼마 남지 않았다. 앞으로 어떻게 살아야 할지 모르겠다."

그대가 건넨 두 번째의 말입니다. 한 치 앞을 예측할 수 없는 불확실성의 시대에 미래를 생각하는 일은 두렵기까지 합니다. 인생 이모작을 시작해야 하는 우리들이라면 더더욱 그럴 것입니다.

〈엔딩 노트〉Ending Note라는 일본 다큐멘터리 영화가 있습니다. 주인공 도모아키는 일본 산업의 주역임을 자랑하며 늘 자신감 넘치는 인생을 살아온 사람입니다. 40여 년의 샐러리맨 생활을 마치고 제 2의 인생을 준비하려는데 말기 암※ 판정을 받습니다. 주인공은 6개월 남은 시간에 무엇을 할 수 있을까를 고민하며 자신만의 엔딩 노트를 씁니다. 버킷 리스트 같은 안타까움은 있지만 그만큼 절실하기에 시사하는 바가 큰 것 같습니다. 영화 〈엔딩 노트〉에서 골라본 네 가지 키워드를 중심으로, 그대의 질문에 대한 답변을 대신하고자 합니다.

건강. 건강은 아무리 강조해도 지나침이 없습니다. 평소에 미리미리 닦고 조이고 기름 치며 관리해야 할 것입니다.

일. '평생 현역'whole life working을 지향해야 합니다. 어떤 일이든 그

것을 붙잡고 있어야 늙지 않고 건강하게 지낼 수 있다고 합니다.

친구. 나이가 들어가면서 겪는 고통 중 가장 큰 것이 바로 고독이라고 합니다. 그럴 때 자연스럽게 지낼 수 있는 친구는 정말 소중한 자산입니다. 그와 함께한다면 지루하지 않은 제 2의 인생 여행이 될 것입니다.

생각. 길이 보일 것 같지 않은 문제도 관점을 바꾸면 다른 길이 보입니다. '우리의 삶이란 인생에 어떤 일이 일어나느냐에 따라 결정되는 것이 아니라, 어떤 태도를 지니느냐에 따라 결정된다'고 합니다. 생각을 바꿈으로써 운명도 바꿀 수 있는 것입니다.

이 네 가지의 키워드는 '나'라는 초점에 집중되어야 합니다. 그래서 인생 2막의 메시지는 바로 "나를 아끼자"입니다. 《인간관계론》의 저자 데일 카네기Dale Carnegie 또한 5가지의 인생 지침을 제시했는데 그중의 핵심이 바로 '자기 사랑'입니다.

"이제부터는 내가 주인이 되는 인생 2막을 펼쳐가기를 기원합니다. 있는 그대로의 자신을 사랑하는 것은 신의 섭리를 따르는 겸손한 마음과도 통합니다. 자신에 대한 사랑은 또한 자신을 그렇게 사랑하고 있을 타인에 대한 사랑을 낳습니다."

"인생은 미완성 쓰다가 마는 편지 그래도 우리는 곱게 써가야 해"라는 노랫말이 더 진하게 다가오는 요즈음입니다. 그렇습니다. 그대도 인생 2막의 멋진 주인공이 되기를 기원하고 또한 응원합니다.

제3장
문학과 편지

감성感性의 섬

저는 남들에게 대놓고 자랑하는 것이 하나 있습니다. 뒤늦게 사랑 복이 터졌다고 말입니다. 하나는 조강지처 사랑이고 또 하나는 애인 같은 사랑입니다. 난데없이 무슨 뚱딴지 같은 소리냐고요? 조강지처 사랑은 다름 아닌 편지이고, 애인 같은 사랑은 바로 책입니다. 편지는 어린 시절부터 늘 제 곁에서 함께했습니다. 그러나 책은 그렇지 않았습니다. 저는 젊은 시절에 책을 좋아하지 않았습니다. 오히려 술을 좋아했습니다. 그런 저에게 뒤늦게 책이 찾아온 것입니다. 책은 애인이고 편지는 조강지처라고 이름 붙인 까닭입니다. 〈나는 행복합니다〉라는 노래가 있는데 저야말로 정말 행복한 사람이 아닌가 합니다. 왼쪽 가슴에는 조강지처를 품고 오른쪽 가슴에는 애인을 품고 있으니 말입니다.

친구들과 함께 한라산을 종주한 적이 있습니다. 산행에 익숙하지 않았던 저로서는 여간 힘든 일이 아니었습니다. 어디쯤 올랐을까요? 쉬어 가는 휴게소가 나왔습니다. 점심을 먹었고 사진도 찍으며 마지막 힘을 내자고 서로를 격려했습니다. 편지도 그런 것 같습니다. 한 장 한 장 넘기면서 힘들게 읽기 진도를 나갈 때, 소설 속에 등장하는 편지는 잠시 쉬어가는 하나의 휴게소 역할을 하는 것 같습니다.

종종 대부도를 찾습니다. 서울에서 가깝기도 하고 바지락 칼국수와 해물 파전이 좋습니다. 바닷바람도 좋습니다. 여름에는 시원해서 좋고 겨울에는 매서워서 좋습니다. 갈매기도 내 마음을 아는지 반갑게 맞아 주는 것 같아 더욱 좋습니다. 특히, 글이 잘 써지지 않는다, 영업 때문에 스트레스를 많이 받는다, 자식들 문제가 잘 안 풀리거나 부모님 건강 때문에 마음이 심란하다, 이럴 때 찾아보면 보물섬이 따로 없습니다. 소설 속의 편지도 그렇습니다. 편지는 소설이라는, 나아가 문학이라는 바다에서 존재 의미를 내뿜는 보물섬 같은 역할을 합니다.

소설 속의 편지는 양수리 두물머리와 닮아있습니다. 두물머리에서는 북한강과 남한강이라는 서로 다른 두 강물이 만나 한강이라는 새로운 물줄기를 만들어 냅니다. 대전환을 이루는 것이죠.

편지는 극적 반전의 계기를 만들어 줍니다. 편지로 나의 마음과 너의 마음이 만나 우리라는 새로운 인연의 물줄기를 탄생시키기도 합니다. 편지는 끊어진 마음을 이어주고 오만과 편견의 벽을 무너뜨리기도 합니다. 그래서 편지는 소설을 더욱더 소설답게 만드는 역할을 하는 것 같습니다.

편지라는 콩깍지 때문에 책 읽는 즐거움이 더욱더 늘었습니다. 책 속에 등장하는 편지가 감성의 섬으로 다가오기 때문입니다. 디지털의 차갑고 직선적이고 이성적인 삶도 중요하지만 거기에만 치우쳐 있으면 안 됩니다. 문학을 대할 때 편지를 하나의 감성 보물로 삼아 읽어 보기 바랍니다. 디지털과 아날로그를 모두 품은, 진정한 21세기의 멋쟁이가 될 수 있을 것입니다.

하나 　아픈 사랑의 추억
《리진》, 신경숙

간절한 마음을 담은 편지는
어떻게든 상대방에게 전달된다는 희망을
품어 보면 어떨지요.

은혜의 마음이 일어나도록 아름답게 살라

'브랜딩 컨설턴트'라는 명함을 건넬 때마다 자주 받는 질문이 하나 있습니다. "브랜딩이 뭐예요?" 질문을 한 상대 방이 쉽게 이해할 수 있도록 설명하기가 쉽지 않았습니다.

어느 날 지인으로부터 책 한 권을 선물 받았는데 신경숙 작가 의 책 《리진》이었습니다. 그런데 책 표지에 이런 말이 나와서 저 를 깜짝 놀라게 했습니다.

"이름의 주인이 어떻게 사느냐에 그 이름의 느낌이 생기는 게다. 사 람들이 네 이름을 부를 때면 은혜의 마음이 일어나도록 아름답게 살라."

저는 여태껏 브랜딩의 핵심을 이렇게 멋지게 표현한 것을 본 적이 없습니다. 브랜딩은 좋은 이름을 짓고 그 이름에 좋은 이름값을 만들고 그 품위를 지켜 이름이 늘 살아 빛나도록 발전시키는 일입니다. '그 사람 하면? 그 제품 하면?', '어! 아! 오!' 하는 그 무엇이 떠오르도록 하는 것입니다.

표지부터 강렬한 인상을 준 《리진》은 아픈 사랑의 추억을 담은 편지로 제게 더 깊이 와 닿았습니다.

"네가 죽으면 나도 죽을 거야"

리진Lee Jin, 李眞은 조선의 궁중무희이자 관기이며 동시에 조선 최초의 근대화 여성입니다. 프랑스 공사 콜랭 Collin de Plancy과 결혼해 프랑스로 떠나기도 했지요. 그곳에서 서구의 근대 문화와 앞선 지식을 배우고 귀국하지만, 자살로 생을 마감합니다. 신경숙의 《리진》은 바로 실존 인물 리진, 그녀를 다룬 소설입니다.

소설 《리진》에 등장하는 인물 가운데 저를 가장 애타게 만든 사람은 리진과 강연, 이 두 사람입니다. 강연에게 리진은 첫사랑을 넘어 삶의 존재 이유였습니다.

"네가 죽으면 나도 죽을 거야."

어린 시절, 강연은 리진의 손바닥에 그렇게 자꾸 썼습니다. 강연은 말을 할 줄 몰랐으니 일종의 진짜 손편지를 썼던 셈입니다. 그런 리진이 왕의 여인이 되고 또한 왕의 딸이 되고 종국에는 먼 나라 프랑스 남자의 여인이 되고 말았으니 강연의 그 심정을 어찌 말로 다 표현할 수 있겠습니까?

리진은 조선을 떠날 때, 강연과는 작별인사조차 나누지 못했습니다. 강연은 리진이 콜랭과 함께 파리로 간다는 사실을 추호도 믿으려 하지 않았습니다. 리진이 콜랭과 공사관에서 부부처럼 지냈어도 강연은 두 사람 사이를 인정하려 들지도 않았습니다. 한 번은 리진이 이제 자신은 콜랭의 부인이라 했을 때 강연은 잠시 가만있더니, '혼인한 것은 아니지'라고 써 보이기까지 했습니다.

리진은 떠나기 여러 날 전부터 강연을 만나려 밤에는 고아원에, 낮에는 장악원에 들렀지만 만날 수 없었습니다. 강연이 찾아올지도 모른다고 여겨 공사관 대문에서 오래 서있던 날도 있었습니다. 리진은 몇 번을 헛걸음한 다음에야 강연이 자신을 일부러 피하고 있다는 것을 깨달았습니다. 그런 강연은 리진이 프랑스로 떠나는 날, 포구 저 멀리서 리진을 한없이 지켜보았던 것입니다.

단 한 통의 편지, 외마디의 비명
소설 《리진》에는 많은 편지가 등장합니다. 그중 제 마음을 가장 크게 흔든 편지는 바로 강연의 편지입니다. 아마도 리진에 대한 강연의 안타까움이 절절히 묻어 있기 때문일 것입니다. 그래서 강연의 편지는 편지라기보다는 외마디의 비명에 가깝습니다.

어느 날, 조선에서 알고 지내던 자클린 수녀가 하얀 무명보 하나를 전해 주었습니다. 그 안에는 강연의 서찰이 들어 있었습니다. 사실 강연은 리진이 조선을 떠난 후 하루도 빠짐없이 리진에게 편지를 썼던 것입니다. 나중에는 강연의 방 벽장 속에서 천이백 통이 넘는 편지가 발견되었습니다. 그중에서 프랑스에 있던 리진에게 전해진 편지는 자클린 수녀를 통해 건네진 단 한 통의 편지뿐이었습니다. 천이백 통 가운데 단 하나의 편지는 이런 내용이었습니다.

은방울. … 떠나기 전에 내가 보였던 야속함은 잊어. 그때는 은방울을 보낼 수 없다는 게 내 마음이었어. 작별인사를 나누고 나면 다시는 못 볼 것 같아 그런 시간을 갖고 싶지 않았어. 나에겐 은방울의 인생이 늘 의문이긴 하지. 왜 그리되었는지 모르는 일투성이야. 제물포에 나가 배가 떠나는 것을 지켜보았지. 그 배를 타고 따라가야 옳았을까도 생각해. 그리해야 지난날의, 언제까지나 함께하겠다는 약속을 지키는 것이었는지도 모른다 여겨. 그리 떠나 이리 소식이 없을 줄 알았다면 어찌 되든 그리해야 옳았을까. 남겨진 이런 마음이 무슨 소용인가. … 이번 연통을 통해서든 잘 있다는 소식을 전해주면 모

158

두 편안하겠어.

리진은 콜랭과의 관계도 끝나고 프랑스로 건너간 지 4년 만에 다시 서울로 돌아오지만, 강연과는 맺어지지 못합니다. 강연은 손가락을 잘리는 큰 형벌을 받고 리진과도 영원히 헤어져야 했지요.

그때 강연과 리진은 마지막 이별 행사를 치릅니다. 강연은 대금을 불고 리진은 춤을 춥니다. 그리고 오누이처럼, 연인처럼 한방에서 잠이 듭니다. 그때 강연은 리진에게 수첩 하나를 남깁니다. 마지막 편지이자 마지막 작별인사인 셈입니다. 강연은 나중에 리진의 무덤 앞에 두 손이 없는 사내가 얼어 죽은 채 발견되었다는 얘기를 풍문으로 남기며 리진 곁에 영원히 함께합니다.

은방울. 잠이 든 네 얼굴을 이렇게 가까이서 보다니 … 꿈결 같다. … 네가 그랬지, 여기 살아 … 라고, 그때부터 여태 여기 살아 … 라고 말했던 너의 목소리를 품고 살았다. …

은방울. … 곁에서 네 일을 도와주고 싶었다. 그러지 못하는 것이 가장 안타까울 뿐. 네가 어떤 처지에 놓여 있어도 네 곁에 있으려 했지만 바닷길을 따라갈 수가 없었다. 이뿐만이 아니다. 다시 조선에 돌아온 너를 지켜줄 힘도 없었다. 그것이 사무칠 뿐. 내가 해줄 수 있는 것은 고작 대금을 불어주는 일뿐이었다. …

은방울, 이보다 더 힘들었던 날들을 견주어 생각해 보며 살아갈 힘을 얻길 고대한다. 한 가지, 어떤 이야기가 들려도 나를 찾아 나서려고 하지 마라. … 나를 위해서는 아무 일도 하지 마라. 어렵겠지만 꼭 그렇게 해주어. 그것이 나를 위한 길이니. 나를 위해 무엇인가를 하려 들면 들수록 나는 나빠질 뿐이니.

간절한 편지의 기억

강연의 편지를 읽고 나니 첫사랑에 대한 아련한 추억이 떠오르기도 하고 이루어질 수 없는 사랑에 대한 안타까움도 느껴지는 것 같습니다. 당신은 이루어질 수 없는 아픈 사랑의 추억을 가지고 있는지요?

예전 젊은 날에 잠실우체국에서 잠시 아르바이트를 한 적이 있었습니다. 여러 가지 좋은 경험을 많이 하기도 했지만 '역대급'의 큰 꾸지람을 들었던 순간이기도 했습니다. 제가 편지봉투 하나를 뜯어보다가 그만 우체국 직원 아저씨에게 들켜 버린 것입니다.

왜 남의 편지에 손을 댔냐고요? 그때는 크리스마스를 며칠 앞둔 연말이었습니다. 가수 조용필 앞으로 거짓말을 조금 보태서 말하자면 산더미 같은 편지, 엽서, 소품 등의 우편물이 배달되었습니다. 호기심도 생기고 또 저렇게 많은 편지 가운데 하나 뜯어보았다고 티 하나 날 것 같지도 않다는 생각을 했습니다.

"이봐, 정웅 씨. 당신 미쳤어? 왜 편지를 뜯어봐. 당신 이거 교도소 영창감이야."

기억에 의하면 당시 제가 뜯어본 편지에는 이런 내용이 담겨 있었습니다.

저는 조용필 님에게 편지를 쓰지 않으면 병이 나요.
이 편지가 님에게 전달될지는 모르지만 그래도 저는 이렇게 편지를 쓸 수 있어서 행복합니다.

첫사랑이든 이루어질 수 없는 외사랑이든 일단은 편지를 써볼 것을 권해 봅니다. 그 편지를 상대방에게 직접 전달하면 제일 좋겠지만, 그렇게 하기가 불가능해 보여서 망설여진다면 영화 속의 주인공이 되어 보는 것입니다. 병 속에 편지를 넣어 강물에 띄워 보내거나 조각배를 만들어 시냇물 위에 띄워 보낼 수도 있지 않을까요?
짝사랑하는 남자에게 비밀편지를 썼습니다. 그런데 이게 웬일입니까. 어느 날 그 편지가 상대방 남자의 손에 쥐어져 있는 게 아닙니까. 전달하면 안 되는, 그래서 혼자만 간직해야 하는 편지인데 어떻게 전달된 것일까요? 물론 하이틴 로맨스 영화 속의 내용입니다. 만사 궁하면 통한다고 했습니다. 강연의 편지 한 통이 리진에게 전해졌듯, 간절한 마음을 담은 편지는 어떻게든 상대방에게 전달된다는 희망을 품어 보면 어떨지요. 이런 것도 희망 고문일까요?

둘   # 아버지와 딸
《천 개의 찬란한 태양》, 할레드 호세이니

저야말로 과연 딸에게, 그리고 가족에게
어떤 아빠의 모습으로 비치고 있을까요.
우선은 당장 편지 한 장 쓰고 볼 일입니다.

마리암과 라일라

제가 집에서 맡은 임무 가운데 하나는 집 안 청
소를 하는 일입니다. 가끔은 귀찮다는 생각이 들기도 하지만 애
들 방을 청소하다 보면 흐뭇한 마음이 생기는 경우도 있기에 즐겁
게 하고 있습니다. 무엇 때문이냐고요? 책 때문입니다. 특히, 딸
아이가 새로 나온 책을 가져오는 등 책을 가까이하는 모습을 보니
왠지 기분이 좋습니다.

어느 날, 이 책 저 책을 정리하고 있는데 언젠가 꼭 한 번 읽어
보리라고 기억에 담았던 책이 바로 손에 잡혔습니다.

《천 개의 찬란한 태양》은 아프간 여인에 대한 슬픔과 희망의 이
야기를 담은, 말 그대로 찬란하게 빛나는 아프간 소설입니다. 책

을 읽는 내내 가슴이 미어지고 심장이 터질 것 같은 느낌을 받았습니다. 소설 속의 아프간 여인은 '마리암'과 '라일라'라는 이름의 두 여인입니다. 《천 개의 찬란한 태양》은 아프간의 비극적 현대사를 배경으로, 두 여인의 인생을 그리고 있습니다.

"나를 용서해다오, 나를 용서해다오"

《천 개의 찬란한 태양》은 단순하게 보면 악마 남편 라시드가 두 여인, 마리암과 라일라를 학대하다가 천벌을 받는다는 이야기입니다. 그렇지만 저는 그것보다는 딸과 아버지에 관한 이야기에 주목했습니다. 딸 마리암과 그녀의 아버지 잘릴의 이야기에 말이지요. 그들 사이에 편지가 있었기 때문입니다.

한마디로 잘릴은 나쁜 남자 이전에 나쁜 아버지입니다. 잘릴은 딸을 찾아가 미안함을 말하려고 했으나 실패했습니다. 그래서 아버지는 편지를 선택합니다. 작품에서 편지는 아버지가 딸에게 보내는 사죄의 채널로 작동합니다. 많지도 않습니다. 총 두 통의 편지가 있지요. 첫 번째 편지는 실체를 알지 못합니다. 두 번째 편지는 소설의 마지막 부분에 등장하는데, 소설 전체를 요약해 놓은 듯한 느낌이 듭니다.

그 두 번째 편지의 사연은 이렇습니다. 아버지 잘릴은 죽기 전에 딸 마리암에게 상자 하나를 남겼습니다. 그러나 안타깝게도 마리암은 살아생전에 상자를 보지 못합니다. 남편 라시드를 살해

한 죄로, 돌로 쳐 죽임을 당했기 때문입니다.

　나중에 마리암과 모녀 관계 이상의 존재가 된 라일라가 마리암의 흔적을 찾기 위해 마리암의 고향을 방문합니다. 그때야 그 상자의 존재가 알려집니다. 상자 안에는 세 개의 물건이 들어 있었습니다. 하나는 봉투이고, 다른 하나는 삼베 자루이고, 나머지는 비디오카세트였습니다. 봉투 속에는 줄이 쳐진 한 장의 노란 종이에 청색 잉크로 쓰인 편지가 들어 있었습니다. 아버지 잘릴이 딸 마리암에게 유서遺書처럼 남긴 편지였습니다.

　사랑하는 마리암에게.

　이 편지를 읽을 때쯤 네가 건강한 몸이었으면 좋겠구나. … 나는 오래전에 신뢰를 잃어버린 사람이다. 그것에 대해 비난받아야 할 사람은 나밖에 없다. …

　사랑하는 마리암. 나는 너한테 자식들이 있는지 알지 못한다. 하지만 자식들이 있다면 신이 그들을 돌봐 내가 겪었던 슬픔을 네가 겪지 않기를 기도하겠다. … 나는 너에 대한 꿈도 꾼다. 나는 네 목소리와 네 웃음소리가 그립다. 너한테 책을 읽어 주고 같이 고기를 잡았던 시절이 그립다. 우리가 함께 고기를 잡던 때를 너는 기억하니? …

　사랑하는 마리암. 나는 많은 걸 후회한다. 네가 헤라트에 왔던 날, 너를 만나지 않았던 걸 후회한다. 문을 열고 너를 안으로 들이지 않았던 걸 후회한다. 너를 내 딸로 삼지 않고, 그곳에서 그렇게 오랫동안 살게 했던 걸 후회한다. … 뭣 때문에 그랬을까? 체면을 구길까 봐 두려워서? 나의 평판에 먹칠을 하기 싫어서? …

내가 지금 할 수 있는 건, 사랑하는 마리암, 네가 착한 딸이었으며 나는 아비 자격이 없다고 말하는 것 외에는 없구나. 지금 내가 할 수 있는 건 너에게 용서를 비는 것밖에 없구나. 사랑하는 마리암. 나를 용서해다오. 나를 용서해다오. 나를 용서해다오. 나를 용서해다오. …

사랑하는 마리암. 이 편지를 읽고 나서, 내가 너에게 그랬던 것보다는 네가 나한테 더 관대했으면 하는 희망을 품어본다. …

내 딸아. 신이 너에게 길고 유복한 삶을 주시기를 기도하겠다. 신이 너에게 건강하고 아름다운 아이들을 많이 허락해 주시기를 기도하겠다. 내가 너한테 주지 못했던 행복과 평화와 사랑을 네가 찾기를 바란다. 잘 있어라. 나는 사랑이 깊으신 신의 손길에 너를 맡긴다.

1987년 5월 13일

너의 못난 아비 잘릴

마리암이 아버지가 대문 앞에 두고 갔다는 첫 번째 편지를 읽었더라면 그녀의 운명이 달라졌을지도 모릅니다. 그러나 마리암은 읽지 못했습니다. 그래서 더욱더 안타까운 마음이 듭니다.

마리암이 받은 벌은 악마보다 더 악마 같은 남편을 죽인 대가였습니다. 물론 억울한 벌이고 죽음이었습니다. 남편에게 평생

당한 것에 비하면 아무것도 아니었으니까요. 그러나 그녀의 희생으로 딸 그 이상의 인연이 된 라일라와 그 가족의 행복이 거룩하고 찬란한 꽃으로 다시 피어날 수 있었습니다.

나는 과연 어떤 아빠일까?

편지, 그리고 아버지와 딸. 이렇게 세 단어를 함께 놓고 보니 광고 한 편이 생각납니다. 바로 국민연금 TV 광고인데, 광고에서는 '아버지의 편지'와 '딸의 편지'를 소재로 세대를 이어 키워 가는 행복한 노후라는 메시지를 전달하고자 했습니다.
아버지가 딸에게 정성스레 손편지를 씁니다.

자랑스러운 우리 딸, 이렇게 자라준 것도 고마운데 나이 들어서 짐이 되지는 말아야지.

딸도 아버지에게 답장의 손편지를 씁니다. 아버지의 편지를 받아 그랬는지 얼굴에는 환한 미소가 가득 담겨 있습니다.

딸 자랑하느라 바쁜 우리 아빠, 늘 마음뿐이지만 세상 누구보다 잘 모시고 싶은 거, 아시죠?

오래전에 방영된 정부 광고지만, 광고에서 보여 주는 모습처럼 정겨운 모습의 좋은 아빠와 좋은 딸의 이야기가 실제로 우리 주변에 많아졌으면 좋겠습니다. 통상 아버지와 딸은 좋은 관계로 알려져 있습니다. 아마도 '딸 바보' 아빠가 워낙 많기 때문이기도 할 것입니다.

그런데 그런 선입견을 갖고 있다가 큰 낭패를 당한 경우가 있었습니다. 그녀는 아버지를 미워하다 못해 증오했습니다. 고등학생일 때 엄마가 암으로 돌아가셨는데, 그 원인이 100% 아버지에게 있다며 흥분하면서 말하곤 했습니다. 아버지 이야기만 나오면 광기에 젖는 그녀를 달랠 길이 없었습니다. 지금 생각해 보면 아버지에게 편지를 써보라고 권할 걸 그랬습니다. 그러지 못한 것이 많이 후회됩니다.

오래전에 연락이 끊긴 그녀가 아버지의 그늘에서 벗어나 양지바른 쪽에서 생활하고 있기를 기도해 봅니다. 우연히 본 좋은 영화 〈리브 어게인〉When I Live My Life Over Again에서 아버지와 딸의 가슴 따뜻한 가족애를 바라보고 있자니 더욱더 그러한 마음이 일렁거렸습니다.

그리고 저에게 자문해 봅니다. 남들에게 이러니저러니 훈수를 두고 있는 저야말로 과연 딸에게, 그리고 가족에게 어떤 아빠의 모습으로 비치고 있는지를 말입니다. 우선은 당장 딸에게 편지 한 장 쓰고 볼 일입니다.

뜨거운 유서

《무정》, 이광수

당신은 사랑하는 그 누군가에게
유서를 남기는 듯한 심정으로 쓴 편지가 있는지요?

선형이냐, 영채냐? 그것이 문제로다

"무슨 일로 이렇게 옛날 소설을 다루세요?"

춘원 이광수의 소설 《무정》無情에 대한 지인들의 첫 반응은 이러했습니다. 《무정》이 당대에 유명한 소설이었다는 평가를 받았다고 해도 저희 세대에게조차 익숙하지 않은 소설이라는 것을 확인할 수 있었습니다. 하지만 저에게 《무정》은 매우 친숙한 소설입니다. 오래전에 재미있게 읽었던 소설이기도 하거니와, 친한 친구와 잊지 못할 인연을 함께했던 소설이기 때문입니다.

대학 친구 K는 술 한잔할 때마다 《무정》을 이야기하곤 했습니다.

"너는 선형을 택하겠지? 나는 영채를 택할 것이다."

2018년 서울이 용광로처럼 뜨겁던 7월 중순 어느 날이었습니다. 그 친구는 소설 속의 영채와 같은 기막힌 사랑을 하다가 너무도 일찍 우리 곁을 떠나 하늘나라로 갔습니다. 친구 K와 영원한 이별을 한 지 얼마 지나지 않은 후, 광화문에서 저녁 약속이 있었습니다. 그날따라 차편 연결이 원활해서 약속 시각까지 많은 시간이 남았습니다. 머물 곳이 마땅치 않았기에 인근 책방에 들러서 이 코너 저 코너를 어슬렁거렸지요.

《무정》이 눈에 띄더군요. 가버린 친구 K가 다시 생각났습니다. 어느 시인은 너무 아픈 사랑은 사랑이 아니라고 했지요. 다시 《무정》을 읽으니 그 친구의 아픈 사랑을 조금이나마 알 것 같았습니다. 《무정》의 내용처럼 결론이 해피엔딩happy ending이 되었으면 좋았을 터인데 친구의 사랑은 새드엔딩sad ending이라 더욱더 마음이 아팠습니다.

"제 손을 잡아 줍시오, 네"

《무정》은 춘원 이광수가 1917년 〈매일신보〉에 발표한 소설입니다. 우리나라 최초의 근대 장편소설로 평가받으며 당시 독자들의 열광적인 호응을 받았다고 합니다. 전무후무한 대박을 낸 작품인 것입니다.

여느 소설과 마찬가지로 여기에도 각양각색의 인물이 등장합니다. 그중에서도 관전 포인트는 형식과 영채, 선형이 만들어 내는 '1남 2녀의 삼각관계'입니다. 남자주인공 이형식은 경성학교 교사로 근무하는 전형적인 근대 지식인입니다. 박영채는 형식의 은인인 박 진사의 딸인데 기생이 되는 등 파란만장한 삶을 삽니 다. 김선형은 김 장로의 딸로, 나중에 형식과 약혼합니다.

형식은 두 여자 사이에서 고민합니다. 영채와 선형은 꿈속에 나타나 형식에게 각각의 손을 내밀며 말합니다.

"제 손을 잡아 줍시오, 네."

결론적으로 형식은 선형을 택합니다. 형식에게 선형은 실리적 인 이점이 많은 여자입니다. 선형은 집안도 부자인 데다 번듯하 고 평안합니다. 미국 유학을 함께할 수도 있습니다. 영채와 달리 흠도 없는, 그야말로 온실 속의 화초 같은 여자입니다.

반면, 영채는 형식에게 여러 고민을 안겨 주는 여자입니다. 형 식이 어릴 적에 부모를 여의고 의지할 곳 없이 돌아다니다 찾아간 곳이 영채의 아버지 박 진사 댁이었습니다. 형식은 거기서 공부 를 했으니 영채는 은인의 딸인 셈입니다. 그런데 영채는 신식학 교를 운영하던 아버지 박 진사와 오빠들이 감옥에 갇히고 집안이 몰락하자 부친을 부양하기 위해 기생이 됩니다. 이에 충격을 받 은 아버지와 오빠들이 옥사하자 영채는 의지할 가족이 사라지죠.

영채는 비극의 여인입니다. 동시에 연민의 여인입니다. 들풀 같 은 여인입니다. 형식은 영채에게 동정심을 느끼고, 기적(기녀명 부)에서 빼려고 하나 1천 원이 없어 머뭇거릴 수밖에 없었습니다.

그 사이 영채는 경성학교 학감과 경성학교 교주의 아들 일당에게 겁간을 당하고 맙니다. 사랑하는 형식과의 결혼을 위해 수절하던 영채는 절망하고, 대동강에 빠져 죽겠다는 유서를 남긴 채 평양으로 가는 기차를 탑니다. 다음은 그때 영채가 형식에게 남긴 유서遺書 같은 편지입니다. 영채의 마음이 되어서 혹은 형식의 입장이 되어서 이 편지를 읽어 보시기 바랍니다.

이형식 씨 전상서李亨植氏前上書

어제저녁에 칠 년 동안이나 그리고 그리던 선생을 뵈오매 마치 이미 세상을 버리신 어버이를 대한 듯하여 기쁘옵기 그지없었나이다. 칠 년 전 선생께옵서 안주를 떠나실 때에 집 앞 버드나무 밑에서 이 몸을 껴안으시고 '잘 있거라, 다시는 볼 날이 없겠다' 하시고 눈물을 흘리시던 것과 그때에 아직도 열두 살 된 철없는 이 몸이 선생의 가슴에 매달리며 '가지 마오, 어디로 가오, 나와 같이 갑시다' 하던 것을 생각하오매 자연히 비감한 마음을 이기지 못하여 소리를 내어 울었나이다. …
이에 철없는 이 몸이 감히 옛날 어진 여자의 본을 받아 몸으로써 부친을 구하려는 마음을 품고 어떤 사람의 소개로 기생이 된 것은 이 몸이 열세 살 되던 해 가을이로소이다. 그러하오나 이 몸을 팔아 얻은 이백 원은 이 몸을 팔아 준 사람이 가지고 도망하니 부모의 혈육을 팔아 얻은 돈으로 부친의 몸을 구원하지도 못하고 철창에서 신음하시는 늙으신 부친에게 맛난 음식 한 때도 받들어 드리지 못한 것이

골수에 사무치는 원한이려든 하물며 이 몸이 기생으로 팔림을 인하여 부친과 두 형이 사오일 내에 세상을 버리시니, 슬프다, 이 무슨 변이오리이까. …

선생이시여! 이 세상에서 다시 선생의 인자하신 얼굴을 대하였으니 그만하여도 하늘에 사무친 원한은 푼 것이라 하나이다. 후일 대동강 상에서 선생의 옷에 뿌리는 궂은비를 보시거든 박명한 죄인 박영채의 눈물인가 하소서. 이 편지를 마치고 붓을 떼려 할 제 뜨거운 눈물이 앞을 가리오나이다. 오호라, 선생이시여, 부디 내내 안녕하시고 국가의 동량棟梁이 되셔지이다.

무정無情의 세상 그리고 유정有情의 세상

소설 《무정》은 요즈음의 현대 소설과는 또 다른 독특한 매력이 있습니다. 우선 쉽습니다. 그리고 어느 정도 예측이 가능하면서도 묘한 긴장감을 불러일으킵니다. 그래서 마치 일일 TV 연속극을 보는 느낌입니다. 영채의 편지를 읽는 순간 가슴이 철렁했습니다. 소설에서 형식과 우선과 노파가 그랬듯이 눈시울을 적시고 말았습니다.

편지는 그만큼 내용의 극적 반전을 이루는 역할을 합니다. 편지는 가장 진술한 마음의 표현입니다. 마치 바늘로 콕콕 가슴을 찌르는 듯합니다. 그 찌름의 극단은 유서 형태를 지닌 편지일 것입니다. 영채가 형식에게 남긴 그 편지처럼 말입니다.

당신도 사랑하는 그 누군가에게 유서를 남기는 듯한 심정으로 쓴 편지가 있는지요? 없다면 지금 도전해 보는 것은 어떨까요? 편지는 바늘처럼 찌르면 아프게도 하지만 한방의 침처럼 아픈 곳을 낫게도 하는 요술방망이의 역할도 합니다.

약간의 관점을 바꾸어서 볼 때 제가 생각하는 유서 같은 편지는 영화 〈일 포스티노〉Il Postino에서 네루다와 마리오가 주고받은 편지입니다. 네루다를 그리워하던 마리오에게 드디어 네루다로부터 편지가 왔습니다. 태어나서 처음 받아보는 편지에 들뜬 마리오는 가족을 모아 놓고 편지를 개봉합니다.

네루다가 섬에 두고 온 물건을 보내 주시기 바랍니다.

그 편지에는 다름 아닌 네루다의 비서가 보낸 사무적인 내용만 담겨 있을 뿐이었습니다. 가족들은 실망의 목소리를 토해 냅니다. 그러나 마리오만은 그럴 수가 없었습니다.

"나는 네루다에게 전혀 도움이 되지 않았어요. 오히려 그가 나에게 힘이 되어 주었죠. 시인도 아닌 날 시인으로 불러 주었으니까요."

마리오는 네루다의 옛집을 방문해 그가 남긴 물건들을 돌아보

다가 남겨진 녹음기를 트는데, 거기에서는 귀에 익은 네루다의
목소리가 흘러나옵니다.

"마리오, 이 섬에서 가장 아름다운 게 무엇이야?"

마리오는 그 녹음기에 마을의 '가장 아름다운 소리'를 담기 시
작합니다. 5년의 세월이 흘러 네루다가 다시 그 섬에 찾아옵니
다. 그리고 마리오가 남긴 녹음기가 그에게 전해집니다. 그 안에
는 마리오의 인사말과 섬의 아름다운 소리들이 담겨 있었습니다.
네루다는 홀로 바닷길을 걸으며 죽은 마리오를 회상합니다.

저는 이 녹음테이프를 '가장 아름다운 편지'라고 표현하고 싶습
니다. 비록 편지지에 쓴 손편지는 아니지만 말입니다. 이 '소리편
지'는 유서편지를 쓰는 것처럼 절실하고 간절한 마음으로 쓰였을
것입니다. 실제로 마리오는 소리편지를 남기고 영원히 사라졌습
니다. 그가 존경했던 네루다에게 그토록 들려주고 싶었던 그 섬
의 가장 아름다움, 즉 그 섬의 소리는 어떤 것이었을까요?

크고 작은 파도소리, 절벽의 바람소리, 교회 종소리, 갈매기
울음소리, 밤하늘에 별빛이 반짝이는 소리 … 그리고 어머니의
뱃속에서 내지르는 아기의 발길질소리까지.

당신은 듣고 있나요? 유언처럼 담아낸 마리오의 절실한 소리
편지를 … .

넷   맨 처음 고백
〈반딧불이〉, 무라카미 하루키

편지는 어쩌면
맨 처음 고백을 하기에 가장 좋은 수단입니다.

"오늘 새벽에 친구 H가 죽었대 … "

오늘은 저에게 단편소설의 매력을 한껏 맛있게 느끼게 해준 문제의 그 소설에 관해 이야기를 해볼까 합니다. 누군가가 만일 "단숨에 읽은 소설이 있습니까?"라는 질문을 한다면 저는 "네, 있습니다" 하고 자신 있게 대답할 수 있습니다. 실제로 그런 소설을 마음속에 품고 있기 때문입니다.

그 소설은 저를 대학 시절로 되돌아가도록 재촉하기도 했습니다. 그 소설은 미치도록 그리운 대학 시절의 친구를 만나도록 해 주기도 했습니다. 그리고 그 친구의 연인까지도 생각나게 해 주었습니다. 그리고 그 소설은 저를 소설 속의 주인공으로 만들어 버렸습니다. 그 소설은 바로 일본 소설가 무라카미 하루키村上春樹

의 단편 〈반딧불이〉입니다.

친구 H. 그는 저와 고등학교 동기 동창이자 대학교 동기 동창이기도 했습니다. 그는 가슴 아픈 사연의 주인공이기도 했습니다. 그는 어느 날 창졸간倉卒間에 제 곁을 떠나 버렸습니다.

대학교 3학년 때 저는 학교 도서관에서 아르바이트를 하고 있었습니다. 어느 날 오후 3시경 정도였을 겁니다. 저는 귀를 의심하지 않을 수 없는 충격적인 이야기를 들어야 했습니다.

"오늘 새벽에 친구 H가 죽었대 … ."

도저히 믿을 수가 없었습니다. 바로 전날 저녁에 우리는 고교 동문회 모임을 함께했습니다. 그날은 공교롭게도 그가 사법고시에서 최종불합격 소식을 받은 날이었습니다. 그는 술로 쓰린 마음을 달랬고 급기야 과음으로 이어졌습니다. 만취한 그가 걱정되어 여러 동문이 그의 자취방까지 그를 데려다주고 헤어졌습니다. 그런데 이런 일이 벌어지다니 도저히 이해할 수가 없었습니다.

그 친구는 당시 사랑하는 여학생이 있었습니다. 결국에는 가슴 아픈 이별을 해야 했던 바로 그 사람입니다. 그녀는 친구가 저세상으로 간 후에도 가끔씩 저희 학교로 저를 찾아오곤 했습니다. 친구 H가 보고 싶다는 이유였습니다.

저는 그녀의 임시 연인이 되어 친구 H와 그녀가 함께 추억을 담았던 캠퍼스 곳곳을 다녀야 했습니다. 서로 어떤 말도 할 수 없었고 어색한 발걸음만을 옮겨야 했습니다. 어느 날 그녀는 그동안 고마웠다는 말 한마디를 남기고 바람처럼 사라졌습니다. 그날 이후로 다시는 그녀를 볼 수 없었습니다.

"가지 마, 제발 가지 마…"

본격적으로 소설 이야기를 해 볼까요. 《반딧불이》는 무라카미 하루키의 단편소설집입니다. 소설집에는 여섯 편의 단편이 실려 있는데, 그중 첫 번째에 실린 단편소설의 제목이 〈반딧불이〉이기도 합니다. 〈반딧불이〉는 슬픈 사랑 이야기입니다.

등장인물도 단출합니다. 주인공인 '나'(구체적인 이름이 나오지 않습니다. '그'로 표현하겠습니다)와 또 다른 주인공인 '그녀'(역시 구체적인 이름이 나오지 않습니다) 이렇게 2명뿐이라고 말해도 과언이 아닙니다. 그와 그녀가 처음 만난 것은 17세 때인 고등학교 2학년 봄이었습니다. 그녀를 소개해준 사람은 다름 아닌 그의 절친한 친구이자 그녀의 연인이기도 한 사람이었습니다. 그와 친구, 그리고 그녀. 이렇게 셋은 자주 어울려 다니곤 했습니다.

그러던 어느 날 믿을 수 없는 사건이 발생했습니다. 그의 친구가 자살한 것입니다. 친구는 그와 당구 네 게임을 치고 난 그날 밤에 자동차 창고 안에서 죽었습니다. 유서도 없었고 자살할 만한 어떤 동기나 이유도 발견하지 못했습니다.

그는 큰 충격을 받았습니다. 친구가 죽어 버린 그날 밤을 경계로 그는 죽음을 단순히 받아들일 수 없게 되었습니다. 죽음은 삶의 반대가 아니었습니다. 그는 죽음이 이미 자신의 속에 있었다는 것을 깨달았습니다. 그리고 그는 도저히 그것을 잊어버릴 수가 없었습니다. 열일곱 살이었던 5월의 밤에 그의 친구를 붙잡은 죽음은, 그날 밤 그까지도 붙잡았기 때문입니다.

그들은 그러한 질풍노도의 고등학교 시절을 보내고 대학생이 되었습니다. 어느 날 우연히 그는 전철에서 옛날의 그녀를 만납니다. 그리고 그것을 계기로 그녀와 연인인 듯 아닌 듯한 만남을 계속하게 됩니다. 운명인지 모르겠습니다.

그와 죽은 친구의 연인이었던 그녀는 한 달에 한두 번 정도 만나 데이트를 했습니다. 처음에는 무미건조한 만남이었습니다. 대화도 별로 없었고 그저 걷기만 하는 데이트였습니다. 그녀가 가끔 그의 팔에 몸을 기대기도 하여 관계가 진척되고 있다고 생각하기도 했습니다. 그러나 그것은 그의 착각이었습니다.

그녀가 찾고 있는 것은 그의 팔이 아니라 누군가의 팔이었습니다. 그녀가 찾고 있는 것은 그의 체온이 아니라 누군가의 체온이었습니다.

그녀의 마음은 고등학교 때 자살한 그 남자친구에게 가 있고 몸은 죽은 남자친구의 친구인 그에게 기대고 있는 것뿐이었습니다. 다행히 시간이 지나면서 둘의 관계도 조금 나아졌습니다. 선물도 주고받았습니다. 그는 크리스마스에 그녀가 좋아하는 레코드를 선물했습니다. 그녀는 그에게 털실 장갑을 선물해 주었습니다. 겉으로 표현하지는 않았으나 어느덧 마음은 서로를 향하고 있었습니다.

어느 날 결정적인 일이 발생하고 말았습니다. 그녀의 스무 살 생일 때의 일입니다. 그는 그녀의 생일을 축하해 주기 위하여 케이크를 들고 그녀의 아파트를 찾았습니다. 그들은 케이크도 먹고 식사도 하고 와인도 마셨습니다. 그녀는 그날따라 평소보다 말을 많이 했습니다. 그녀의 말이 그렇게 계속되는 동안 어느덧 전철 막차시간이 가까워졌습니다. 너무 늦어서 집에 가야겠다는 그의 말에 그녀는 눈물로 화답했습니다.

"가지 마⋯."

그날 밤, 그는 그녀와 잠자리를 함께하고 말았습니다. 그도 원하고 그녀도 원하고 있었던 것처럼 말입니다. 달리 어떻게 해야 할 방법이 없었습니다. 그녀는 그때가 처음이었습니다. 지난날 그의 친구와도 잠을 자지는 않았던 것입니다.

그 일이 있고 나서 그는 그녀에게 편지를 써야 했습니다. 일주일이 지나도 그녀에게서 전화가 오지 않았고, 그녀의 아파트에는 전화가 놓여 있지 않았기 때문에 전화할 수도 없었기 때문입니다.

나는 내가 느끼는 것을 되도록 솔직하게 썼다. 나로서는 이해할 수 없는 일이 많고, 이해하려고 노력은 하고 있지만 거기에는 시간이 걸린다. 그리고 그 시간이 지난 뒤에 내가 어디에 있을지 짐작도 할 수 없다. 그러나 나는 되도록 모든 것을 심각하게 생각하지 않으려 한다. 심각하게 생각하기에 세계는 너무나 불확실하며, 아마 그 결과로서 주변 사람들에게 뭔가를 강요하게 될 것이다. 나는 타인에게 뭔가를 강요하고 싶지 않다. 네가 무척 보고 싶다. 그러나 앞에서도 말했듯이, 그래도 되는지는 나도 모르겠다.

얼마 후에 그녀에게서 답장이 왔습니다. 결과적으로 그 편지는 그녀에게서 받은 처음의 편지이자 또한 마지막 이별의 편지이기도 했습니다. 그 편지를 남기고 그들의 관계는 끝이 났습니다. 그녀의 편지에는 이런 내용이 담겨 있었습니다.

학교는 우선 일 년 동안 휴학하기로 했어. 우선이라고는 하지만, 아마 이젠 돌아가지 않을 거야. 휴학이란 건 어디까지나 절차상의 얘기야. 아파트는 내일 비우기로 했어. 갑작스러운 얘기라고 생각할지 모르겠지만, 이건 전부터 생각하고 있던 일이야. 네게 몇 번이나 의논하려고 했는데 도저히 할 수가 없었어. 입 밖에 내는 것이 몹시 두려웠어. …

교토의 산속에 괜찮은 요양소가 있다고 해서 우선 그곳에서 안정을 찾으려고 해. 병원이 아니라 훨씬 자유로운 곳이야. 자세한 얘기는 다음 기회에 쓸게. 지금은 뭐라고 써야 할지 모르겠어. 이 편지도 벌써 열 번도 더 고쳐 썼어. 일 년 동안 내 곁에 있어 준 것에 대해 나는 정말, 말로 표현할 수 없을 정도로 감사하고 있어. 그것만은 믿어 줘. 그 이상은 아무 말도 할 수 없어. 네게 받은 레코드는 늘 소중하게 듣고 있어. …

그는 그녀의 이 편지를 읽고 또 읽었습니다. 몇백 번이나 될 것입니다. 그리고 읽을 때마다 한없는 슬픔에 잠겼습니다. 어찌할 바를 모르는 그런 슬픔이었습니다. 아마 사랑의 상실에 대한 슬픔일 것입니다.

어느 날 학교 기숙사의 룸메이트가 그에게 인스턴트 커피병에 넣은 반딧불이를 주었습니다. 그는 이런 말을 덧붙였습니다.

"여자애한테 줘 봐, 분명히 좋아할 거야."

그의 눈에는 반딧불이가 곧 그녀의 모습으로 보였습니다. 그는 그녀가 떠나간 것처럼 반딧불이를 병에서 꺼내 놓아 주었습니다. 반딧불이는 오래 머뭇거리더니 밝은 흔적을 남기며 하늘로 날아올라 사라져 버렸습니다.

반딧불이가 사라진 후에도 그 빛의 궤적은 그의 몸 안에 오랫동안 머물러 있었습니다. 감은 눈의 두터운 어둠 속에서, 그 약하디약한 빛은 마치 갈 곳을 잃은 영혼처럼 언제까지고 떠돌고 있는 것처럼 느껴졌습니다. 그는 몇 번이나 그런 어둠 속에 가만히 손을 뻗어 보았지만 손가락에는 아무것도 닿지 않았습니다. 그 작은 빛은, 언제나 그의 손가락 조금 앞에 있었습니다. 마치 그녀가 남긴 흔적처럼 말입니다.

편지는 맨 처음 고백이다

소설 〈반딧불이〉에서 그가 그녀에게, 그녀가 그에게 쓴 편지는 맨 처음 고백이자 마지막 편지가 되었습니다. 그래서 그립고 안타깝습니다. 그러나 한편으로는 어둠 속의 반딧불이처럼 찬란한 여운을 남깁니다. 당신의 경우는 어떠합니까? 〈반딧불이〉 같은, 처음이자 마지막이기도 한 편지의 주인공이었던 적이 있었는지요?

이 대목에 이르니 추억의 노래, 송창식의 〈맨 처음 고백〉이 생각납니다.

말을 해도 좋을까 사랑하고 있다고 마음 한번 먹는 데 하루, 이틀, 사흘… 맨 처음 고백은 몹시도 힘이 들어라 땀만 흘리며 우물쭈물 바보 같으니 그런가 하면 일본 영화 〈러브레터〉Love Letter의 명대사도 함께 들리는 듯합니다. 여자 이츠키가 흰 설원, 설산을 향해 남자 이츠키에게 외치는 바로 그 대사 말입니다.

"잘 지내시나요お元気ですか? 전 잘 지내고 있어요私は元気です."

편지는 어쩌면 맨 처음 고백을 하기에 가장 좋은 수단입니다. 바로 코앞에 상대방을 두고 맨 처음 고백을 하기란 강심장의 소유자가 아니면 몹시도 힘이 드는 일이니까요.

그래도 사랑한다면 마지막이 될지언정 편지를 써볼 일입니다. 그것조차 시도하지 않는다면 당신은 진정 그를 사랑하지 않는 것일 수도 있습니다. 성공 확률이 한국 축구가 월드컵 4강에 진출할 확률과 같아도, 도전은 계속되어야 할 것입니다. 이럴 때는 오히려 "두드리면 열리리라"라는 명제를 되새겨야 하겠습니다.

세상의 모든 사랑의 과실은 처음이지만 마지막이 되어도 좋다는 과감한 용기의 씨앗으로부터 싹이 틉니다. 편지는 그런 당신에게 불가사의한 기적의 힘을 제공해줄 것입니다.

편지라는 승부수
《오만과 편견》, 제인 오스틴

편지는 사람들의 운명을
바꾸는 역할을 하기도 합니다.
특히, 남녀 간의 운명을 말입니다.

콩깍지 함부로 씌지 말라
《오만과 편견》 하면, 늘 따라붙는 문장입니다.

오만은 다른 사람이 나를 사랑하지 못하게 하고, 편견은 내가 다른
사람을 사랑할 수 없게 한다.

개인적으로 저는 이 문장을 많은 글에 인용했는데, 보면 볼수
록 멋지다는 생각이 듭니다. 책 제목처럼 작품의 주제는 '오만과
편견'이고 그 주인공은 '다아시'라는 이름의 남자와 '엘리자베스'
라는 이름의 여자입니다.
'오만'의 진원지는 다아시입니다. 그는 타고난 '금수저'였습니

다. 상속받은 재산은 엄청나고 연 수입도 1만 파운드나 되었습니다. 훤칠한 몸매와 잘생긴 이목구비는 늘 사람들의 눈길을 끌었습니다. 다만, 성격과 태도가 문제였습니다. 말이 없고 다소 냉소적이며 때로는 고상한 태도를 보이는데 이는 타인을 무시하는 듯이 보였습니다. 엘리자베스를 좋아하면서도 표현에는 무척 서툴렀습니다. 그래서 오히려 그녀의 반감만 증폭될 뿐이었습니다.

'편견'의 뿌리는 엘리자베스입니다. 그녀는 자신의 분별력을 지나치게 신뢰하고 무의식중에 그것을 뽐내고 싶어 하기도 합니다. 이러한 그녀의 모습은 다른 사람에게 오해를 불러일으키는 빌미를 제공하기도 합니다. 자기를 좋아하는 남자, 다아시의 진면목을 알아차리지 못하는 헛똑똑이의 모습도 있습니다. 그러나 결국에는 그녀의 지성과 당당함, 그리고 지혜로 여러 장애물을 극복하고 다아시와 사랑을 이룹니다.

다아시와 엘리자베스는 첫인상으로 장점은 제쳐 두고 서로의 단점만을 남깁니다. 오해와 편견이 그 이유입니다. 이 소설의 원제는 '첫인상'인데 이는 첫인상에 함부로 콩깍지 씌지 말라는 메시지인 셈이지요.

두 사람의 감정 엇박자는 읽는 이의 애를 태우기도 하지만, 결정적인 계기가 마련됩니다. 무엇일까요? 바로 다아시가 엘리자베스에게 보낸 편지입니다. 만일 몰입도가 가장 높은 편지를 꼽는다면 바로 이 편지가 아닐까 합니다. 편지는 이렇듯 사람들의 운명을 바꾸는 역할을 하기도 합니다. 특히, 남녀 간의 운명을 말입니다.

내 행동이 그렇게 한심했다니!

《오만과 편견》은 편지의 소설이라고 해도 과언이 아닙니다. 중요한 사건들은 대부분 편지로 해당 인물에게 전달되는데, 모든 갈등이 점점 증폭되다가도 한 통의 편지로 일거에 해소되곤 합니다.

편지의 극적 상황은 다아시의 편지에서 최고점에 다다릅니다. 엘리자베스의 시선은 편지를 가운데 놓고 전과 후로 완전히 다르게 변하지요. 이른바 반전 효과의 극대화가 이루어진 것입니다.

다아시는 엘리자베스에게 청혼하지만 보기 좋게 딱지를 맞습니다.

"당신을 처음 알게 되었을 때, 처음 알게 된 바로 그 순간이라 해도 좋을 것 같군요. 저는 이미 당신의 태도를 보고 당신이 거만하고 잘난 체하며 자기 생각만 하면서 남의 감정은 무시하는 사람이라는 인상을 받았습니다. 그 뒤로 다른 일들이 쌓이면서 그런 좋지 않은 인상이라는 토대 위에 단단한 혐오감이 자리 잡았다고 할까요? 그랬기 때문에 당신을 알게 된 지 한 달도 되지 않아 누가 뭐라고 해도 저는 당신 같은 사람과 결혼할 수는 없을 거라고 생각했어요."

다아시는 청혼 거절의 이유가 엘리자베스의 편견과 얇은 귀로 인한 오해에 있다는 점에 더 열을 받았습니다. 엘리자베스는 다아시를 언니의 사랑을 방해한, 위선자의 탈을 쓴 사람이라고 오해하고 있었지요. 이러한 사실에 펄쩍 뛸 만도 한데, 다아시는 차분하게 편지라는 승부수를 던졌습니다. 결국, 그 승부수가 적중합니다.

제가 볼 때, 다아시의 편지는 다음과 같은 특징이 있습니다.

하나, 가장 지루한 편지라는 점입니다. 다아시 편지의 최대 약점은 내용이 많고 길다는 점에 있습니다. 디지털 시대인 오늘날 같으면 읽기는커녕 쓰레기통으로 직행했을 것입니다.

즐거움을 기대하지는 않았으나 강한 호기심을 느끼며 편지를 열어보자, 더욱 놀랍게도 빽빽한 필체로 가득 채워져 있는 편지지 두 장이 봉투 구실을 하고 있는 겉장 안에 들어 있었으며, 겉장도 글씨로 가득 채워져 있기는 마찬가지였다.

그런데 이것은 다아시의 입장에서 보면 그만큼 할 말이 많았다는 것이기도 합니다. 억울함의 감정, 오해를 풀고자 하는 감정, 진실을 밝히고자 하는 감정 등 그 모든 것을 담으려니 짧고 간결하게 정리하기 어려웠을 것입니다.

둘, 편지라기보다는 하나의 입장문이라는 점입니다. 2018년 국회 국정감사에는 특별한 증인이 출석해 세인의 이목을 집중시켰습니다. 선동열 국가대표 야구감독이 바로 그 주인공이었습니다. 그는 이런 특별한 경험을 치르고 나서 국가대표 야구감독 자리에서 스스로 물러났는데, 그때 사퇴의 변을 입장문이라는 형식에 담아 대중에게 공개했습니다. 자신에 대한 오해나 자신의 억울한 부분을 조목조목 반박하고 사실관계를 따졌습니다.

다아시의 편지도 마찬가지입니다. 엘리자베스의 언니인 제인과 제인이 사랑하는 빙리의 관계에 관한 자신의 입장을 밝혔지요. 엘리자베스가 잘못 알고 있는 부분에 관해 조목조목 반박하는 것이 마치 편지라기보다는 하나의 간절한 입장문 같아 보였습니다.

셋, 편지라기보다는 수사결과 발표문이라는 점입니다. 다아시는 편지에서 두 가지 점에서의 공정함을 문제 삼아 반박합니다. 하나는 빙리와 언니 제인의 문제이고, 다른 하나는 인간 위컴에 대한 것이었습니다. 첫 번째에 대한 반박은 앞서 말했듯 입장문과 같다는 느낌을 받았는데, 두 번째 위컴에 대한 반박문은 강도도 더 강하고 태도도 냉정해 보입니다. 그래서 이 부분은 마치 사건 수사결과 발표문 같다는 인상을 받았습니다. 거짓을 밝혀내어 진실을 규명하는 데 주안점을 두었습니다. 숫자, 사례, 증언 등

구체적이고 설득력 있는 자료를 가지고 사건을 충실히 기술했습니다.

넷, 아주 설득적인 편지라는 점입니다. 다아시의 편지는 요즈음 말로 치면 '사이다' 편지입니다. 냉정하고 직접적이고 논리적이어서 결과적으로 엘리자베스에게 크게 KO 펀치 한 방을 날렸지요. 엘리자베스는 창피함의 바다에 풍덩 빠지고 말았습니다. 그렇다고 엘리자베스가 손해만 본 것은 아니었습니다. 이 편지를 계기로 엘리자베스는 변하기 시작했고, 다아시를 다시 보기 시작했지요. 그 결과 사랑을 찾게 된 것입니다.

이제 그녀는 자기 자신이 너무나 부끄러웠다. 다아시를 생각하든 위컴을 생각하든 자기가 눈이 멀었고 편파적이었으며 편견에 가득 차고 어리석었음을 느끼지 않을 수 없었다. "내 행동이 그렇게 한심했다니!" 그녀는 외쳤다. "변별력에 대해서만큼은 자부하고 있던 내가! 다른 건 몰라도 똑똑하긴 하다고 자부하고 있던 내가! 때때로 언니가 너무 너그럽고 솔직하다고 비웃으면서 쓸데없이 남을 의심함으로써 허영심을 만족시켰던 내가! 이제야 깨닫다니 얼마나 창피한 일인가! 하지만 창피해하는 게 당연하지! 사랑에 빠져 있었다 해도 이보다 더 기막히게 눈이 멀 수는 없었을 거야. 그렇지만 그건 사랑이 아니라 허영심이었어. 처음 만났을 때 한 사람은 나를 무시해서 기분이 나빴고, 다른 한 사람은 특별한 호감을 표시했기 때문에 기분이 좋아서, 난 두 사람에 관해서는 선입관과 무지를 따르고 이성을 쫓아낸 거야. 지금 이 순간까지 난 나 자신에 대해 모르고 있었던 거야."

다아시의 편지가 법정 변론처럼 설득적일 수 있었던 것은 이성적인 부분도 있지만 실제로는 감성적인 부분, 즉 다아시의 엘리자베스에 대한 절실함이 작용했기 때문입니다.

신의 가호가 편지와 함께하기를

엘리자베스에게 보낸 다아시의 편지는 씨름으로 치면 막판 뒤집기 기술과 같습니다. 사랑의 진도가 꽉 막혀 고민스럽다면, 다아시가 썼듯 편지를 써 보는 것도 하나의 좋은 돌파구가 되지 않을까요.

어느 토요일, 인근에 있는 자양제4동도서관을 찾았습니다. 광진정보도서관처럼 넓지는 않지만 오붓한 도서관입니다. 그 대신 약간의 불편함도 있습니다. 아동 코너를 함께 운영하고 있어 다소 시끄럽지요. 물론 어린이의 시각으로 보면 일반인 어른 코너와 가까이 있으니 그들도 불편하다고 말할 수 있을 겁니다.

그날도 도서관은 기대를 저버리지 않고(?) 많은 시끄러움으로 가득했습니다. 그런데 자신만의 관심 안테나가 있으면 그 소리는 잡히는 법인가 봅니다. 이런 소리가 들려왔습니다.

"안데르센 알지? 이 사람도 편지 때문에 유명해졌어."

'어? 이게 무슨 소리지?' 하면서 편지와 안데르센Hans Andersen에 관한 자료를 찾아보게 되었습니다. 실제로 안데르센이 유명 동화 작가가 되는 데에는 편지의 역할이 컸더군요. 안데르센이 누군가에게 편지를 받은 것입니다. 바로, 잉에만Bernhard Ingemann이었습니다. 잉에만은 덴마크의 낭만파 시인이자 국민 작가였는데, 안데르센의 재능을 처음으로 알아본 사람이었습니다.

지금껏 자네가 시인으로 성장하는 데 가장 방해가 된 것은 지나친 자신감과 어린아이 같은 감정으로, 변덕스럽고 말이 많은 청중들의 품속으로 그리고 텅 빈 사교계의 연못 속으로 자네 스스로를 던져 넣었다는 점이네. 시인과 시인의 영예에 대한 관심은 좀 덜어 내고 시 그 자체에 더 많은 관심을 쏟아야 하네. 황금알을 한꺼번에 얻겠다고 거위의 배를 가르지 말게. — EBS 다큐프라임, 〈편지〉 중

안데르센은 자신의 재능을 확인하고 싶었나 봅니다. 누구나 그렇듯이 말이죠. 그런데 중요한 것은 잉에만의 편지였습니다. 안데르센의 입장에서 판단해서 더욱더 사려 깊은 의견을 전달했던 것입니다.

안데르센이 동화에 집중했던 것도 바로 잉에만의 편지 소통 덕분이 아닐까 생각합니다. 물론 나중에 안데르센도 좋은 작품만큼

이나 많은 편지를 남겼다고 합니다. 누가 편지를 썼느냐 혹은 받았느냐가 중요한 것은 아닙니다. 편지는 누군가와 누구 사이에서 영향을 일으켜 서로의 인생에 대전환점을 마련해 주기도 합니다.

《오만과 편견》의 다아시나 안데르센을 격려했던 잉에만. 그들은 왜 편지라는 수단을 선택했을까요? 물론 그 당시에는 편지 이외에 별다른 수단이 없었을 것입니다. 그러나 그보다는 편지가 진정성과 간절함을 담아 상대방과 소통하는 데 가장 적합한 방법이라는 점에 주목했던 것 아닐까요? 우리도 엘리자베스의 편견을 깨뜨려준 다아시처럼, 안데르센을 감동시킨 잉에만처럼, 가장 소중한 소통이 필요할 때에는 편지를 이용해 보는 것은 어떨까요? 기왕이면 손편지로 말입니다.

여섯 # 구토 같은 편지
《무진기행》, 김승옥

윤희중이 결국 찢어 버린 그 편지는 '비겁함'입니다.
구토를 느낄 정도로 역겹습니다.

추천합니다, 무진기행

우리는 살면서 여러 선택을 합니다. 그 가운데
탁월한 선택을 하나 꼽으라면 저는 독서 모임 활동을 꼽고 싶습니
다. 매월 한 권의 책을 읽고, 독후감을 쓰고, 만나서 의견을 교환
합니다. 그리고 다음에 읽을 책을 추천합니다. 여전히 책에 조예
가 깊지 않은 저로서는 책을 추천한다는 것이 부담으로 작용하더
군요. 인터넷도 뒤지고 지인에게 자문도 구하곤 합니다만.

저는 주로 전철을 이용합니다. 전철 안에서 책 읽는 사람을 보
는 것은 마치 천연기념물을 만나는 것과 같이 매우 귀한 장면 같
습니다. 모두 핸드폰만 열심히 들여다보니까요. 간혹 신문을 읽

는 사람이 있는데, 중·장년의 아저씨가 대부분입니다.

그런데 어디서든지 예외는 있게 마련인가 봅니다. 어느 날 앞자리에 앉아 있는 남자 승객이 책을 읽고 있었습니다. 겉모습으로 짐작해 보건대 30대 중반 정도 되어 보였습니다. 갑자기 그 승객에게 호기심이 일었습니다. 얼마나 재미있는 책이기에 출근길 지하철에서 읽고 있을까? 한참 후에 표지를 볼 수 있었습니다. 놀랍게도 그 책은 김승옥의 《무진기행》이었습니다. 표지의 제목 위에는 흑백사진이 하나 실려 있었는데, 안개가 자욱한 시골길을 걸어가는 한 남자의 뒷모습을 담고 있었습니다.

《무진기행》을 독서 모임의 '이번 달에 읽을 책'으로 추천했습니다. 저희 모임은 동서양의 고전을 주로 읽어 왔는데, 당시에는 서양 고전 위주로 진행되고 있었습니다. 우리나라 현대 고전을 다룬 지 오래되기도 해서 타이밍도 적절했습니다. 저는 그 유명한 《무진기행》을 이렇게 해서 만났습니다. 창피한 이야기이지만 그 이전에는 《무진기행》을 제대로 읽어 보지 못했습니다. 좋은 책이라는 말을 너무도 많이 들어 왔지만 말입니다.

감정이입을 하다

무진기행에 대한 저의 감상평은 '감정이입'이란 말로 요약할 수 있겠습니다. 좀더 적극적으로 표현하자면 '빙의'憑依라는 단어를 선택하고 싶습니다. 감정이입은 사전적인 정의에

194

의하면 타인이나 자연물 또는 예술작품 등에 자신의 감정이나 정신을 이입시켜 자신과 그 대상물과의 융화를 꾀하는 정신작용을 말합니다. 즉, 나와 상대를 동일시하는 것입니다. 내가 너이고 네가 나인 것입니다.

저는 소설을 읽는 내내 남자주인공 윤희중과 하나가 되었습니다. 저도 모르게 윤희중이 곧 저인 것처럼 느껴졌습니다. 왜 그랬을까를 곰곰이 생각해 보니 저와 윤희중은 다음과 같은 세 가지 측면에서 공통점이 있었습니다. 지역성, 속물성, 일탈성.

우선, 지역성입니다. 윤희중은 한마디로 촌놈입니다. 무진에서 꿈을 찾아 서울로 올라왔습니다. 산업화 시대를 맞아 별다른 대안이 없는 선택이었을 것입니다. 서울에서 사랑하는 사람에게 이별을 당하는 등 고생도 많이 했습니다. 저 역시 저 충청북도의 무진이라고 할 수 있는 어느 산골에서 서울로 올라왔습니다. 어쩔 수 없이 발걸음을 내디딘 서울은 아스팔트의 황량함 그 자체였습니다. 늘 고향의 푸른 잔디를 그리워할 수밖에 없었습니다.

다음은 속물성입니다. 많은 사람이 책을 읽을 때마다 좋은 문장을 꼽아 봅니다. 저도 그렇습니다. 《무진기행》에는 그 여느 책 못지않게 좋은 문장이 많이 담겨 있습니다. 제가 꼽은 문장은 이런 것이었습니다. 친구 조가 윤희중에게 하는 말인데 저의 속물 근성을 훤하게 대변하고 있습니다.

산골의 무진 같은 고향 괴산에는 맑은 저수지가 있다.
그곳을 다녀가면 마음의 진실함이 더해진다.

"야, 이 약아빠진 놈아, 넌 백 좋고 돈 많은 과부를 물어 놓고 기껏 내가 어디서 굴러온 줄도 모르는 말라빠진 음악 선생이나 차지하고 있으면 맘이 시원하겠다는 거냐?"

그뿐만이 아닙니다. 고등고시에 합격한 친구 조를 속물이라고 비난하는 윤희중의 모습은 곧 저의 모습이기도 했습니다. 저도 비슷하게, 종종 고시에 합격한 친구들 '뒷담화'를 하곤 했으니까요. 소설 속의 윤희중 본인도 장인 회사에 빌붙어 이른바 출세가도를 달리는 사람 아닙니까? 속물근성의 최고봉이 아닐 수 없습니다.

마지막으로 일탈성입니다. 제가 노래방에서 자주 부르는 노래 가운데 하나가 나훈아의 〈사랑은 무죄다〉라는 노래입니다. 제가 이 노래를 부를 때마다 사람들은 말합니다.

"일탈逸脫을 꿈꾸는 자유의 영혼이야."

실제로 많은 사람이 가끔씩 일탈을 꿈꾼다고 합니다. 저도 그중 한 사람임을 부인하지 않겠습니다. 그러한 측면에서 윤희중의 일탈은 부럽기까지 합니다. 윤희중은 자신의 일탈을 이렇게 얄밉게 정리합니다.

한 번만, 마지막으로 한 번만 이 무진을, 안개를, 외롭게 미쳐 가는 것을, 유행가를, 술집 여자의 자살을, 배반을, 무책임을 긍정하기로 하자. 마지막으로 한 번만이다. 꼭 한 번만. 그리고 나는 내게 주어진 한정된 책임 속에서만 살기로 약속한다. 전보電報여, 새끼손가락을 내밀었다. 나는 거기에 내 새끼손가락을 걸어서 약속한다. 우리는 약속했다.

남녀 간의 일탈적 사랑은 책임을 동반합니다. 이러한 측면에서 하인숙은 쿨cool해 보이기까지 합니다. 작품의 시대적 배경이 1964년임을 감안해 보면, 여성의 입장에서 이러한 자세를 견지하기는 쉽지 않은 일이었을 것입니다.

일주일의 한정된 사랑을 예견하는 것도 그렇고 육체적 사랑 및 향후의 관계를 선택한 것도 그렇습니다. 자신을 무진에서 꺼내 달라고 울며불며 남자의 바짓가랑이를 잡고 늘어지지도 않습니다. 이런 면에서는 주체적인 자유의 여인상 같은 느낌도 있습니다.

반면, '나' 윤희중은 전형적인 이중인격의 인간입니다. 출세 지향적이지만 허약한 지식인입니다. 윤희중이 현실적인 결정을 하는 데는 '여자' 하인숙에 대한 평가가 따라붙습니다. 하인숙은 윤희중이 동창생임에도 속물인간으로 취급하는 조 서장 집을 드나들고, 거기다가 그 앞에서 유행가까지 불러 댑니다. 또한 그녀는 박 선생의 순애보 편지를 제 3자인 조 서장에게 보여줍니다. 조 서장은 이런 하인숙을 결혼 상대는커녕 그냥 한번 건드려 보고 싶은 정도의 여자로밖에 생각하지 않습니다. 윤희중 역시 "이런 여자인데, 뭘"하면서 책임을 회피하고 이기적인 자기합리화의 명분만을 쫓을 뿐입니다.

구토 같은 편지

《무진기행》은 편지로 마무리됩니다. 《무진기행》이 한국 단편 문학사에서 뛰어난 미학적 성취를 이뤘다는 평을 받는 데 아마도 편지가 큰 역할을 했을 것이라고 생각합니다. 한 인간의 속물근성과 이기심을 물속에 비친 자신의 얼굴을 마주하듯 보여 주기 때문입니다.

윤희중과 하인숙은 만난 지 하루 만에 몸을 섞습니다. 하인숙은 일주일간의 한정된 사랑을 예고합니다. 이러는 와중에 윤희중은 서울에 있는 아내로부터 급히 올라오라는 전보를 받습니다. 윤희중은 하인숙과 아내 사이에서 갈등합니다.

그는 하인숙에게 편지를 썼습니다. 쓰고 나서 편지를 읽어 봤습니다. 또 한 번 읽어 봤습니다. 그리고 마지막에는 찢어 버렸습니다. 소설의 마지막 부분에 등장하는 윤희중의 그 편지 일부를 함께 읽어 보겠습니다.

갑자기 떠나게 되었습니다. ⋯ 간단히 쓰겠습니다. 사랑하고 있습니다. 왜냐하면 당신은 제 자신이기 때문에, 적어도 제가 어렴풋이나마 사랑하고 있는 옛날의 저의 모습이기 때문입니다. ⋯ 저를 믿어 주십시오. … 당신은 무진을 떠나서 제게 와 주십시오. 우리는 아마 행복할 수 있을 것입니다.

여기에서 편지는 무엇인가요? 윤희중이 결국 찢어 버린 그 편지는 '비겁함'입니다. 사르트르Jean-Paul Sartre의 《구토》에 나오는 주인공이 느끼는 수준의 부조리는 아니지만, 구토嘔吐를 느낄 정도로 역겹습니다. 윤희중 자신도 그런 느낌을 받았기에 편지를 찢어 버린 것입니다. 즉, 구토를 한 것입니다. 그래서 이 편지의 제목은 제 입장에서는 구토입니다. 당신은 윤희중이 찢어 버린 그 편지에 제목을 붙인다면 무엇이라고 생각하는지요? 이러한 저의 질문에 일부 지인은 '고백편지'라고 하더군요.

김동인의 소설 《마음이 옅은 자여》는 이른바 고백편지로 구성된 고백소설입니다. 여기서는 기혼인 남자주인공이 자신의 불륜을 친구에게 편지로 고백합니다. 그리고 그 친구와 함께 금강산으로 여행을 갑니다. 이 남자는 《무진기행》의 윤희중보다 더 뻔뻔한 남자 같습니다.

고백소설로는 염상섭의 《제야》도 빼놓을 수 없습니다. 그러나 그 결말은 《마음이 옅은 자여》나 《무진기행》과는 정반대입니다. 《제야》에서는 기혼 여성이 불륜을 저지르는 주인공인데, 자기 남편에게 불륜 사실을 편지로 고백하고 자살로 끝을 맺습니다.

사실, 고백편지는 본래 진실하고 사실대로 숨김이 없는, 지극히 인간적인 모습을 투영합니다. 그런데 윤희중의 고백편지가 역겹게 느껴지는 것은 그러한 인간적인 내밀함이 결여되고, 대신 자기기만이 떡하니 그 자리를 차지했기 때문이 아닐까요.

우리는 살아가면서 자기기만 같은 고백편지 따위는 가급적 쓰지 말아야 할 일입니다. 특히, 일탈에 의한 고백편지 같은 것은 더더욱 그렇습니다. 우리에게는 진정 사랑하는 사람에게 러브레터 한 장 쓰기에도 시간이 부족합니다. 결국 내 곁의 내 사랑이 삶의 모든 것입니다.

해피엔딩의 편지

《몽실 언니》, 권정생 · 이철수

결국 마무리가 중요합니다.
편지는 세상에서 가장 쉽고 효과 빠른
해피엔딩의 방법이 될 수 있습니다.

이철수, 이오덕, 권정생, 이 사람들

제가 《몽실 언니》를 손에 잡게 된 계기에는 이
철수, 이오덕, 권정생, 이 대단히 훌륭한 세 사람의 영향이 컸습
니다. 광고대행사에 근무할 때 국내 유명 베이커리 그룹의 기업
이미지 광고제작을 담당한 적이 있었습니다. 그때 이철수 화백
의 작품을 활용해 광고 시안작업을 했었지요. 광고주의 좋은 반
응에도 불구하고 여러 사정으로 인해 실제로 광고를 완성하지는
못했습니다. 아쉬움이 컸지만 대신 이철수 화백의 작품을 알게
된 것을 위안으로 삼았습니다. 틈틈이 그의 작품을 감상하고 그
의 책도 읽곤 했는데 큰 감명으로 다가오더군요. 어느덧 저에게
제천 하면, 이철수라는 인물이 제일 먼저 떠오를 정도가 되었습

니다. 권정생 선생님의 《몽실 언니》에는 이철수의 그림이 담겨 있는데, 그 그림은 마치 몽실이가 저를 책 속으로 들어오라고 손 짓하는 듯했습니다.

한편, 편지에 조금이라도 관심이 있는 사람은 '이오덕과 권정 생'이라는, 서로 분리될 수 없는 이름을 기억할 것입니다. 이들이 30년간 서로 주고받은 편지 때문입니다. 권정생보다 12살 연상 인 이오덕은 교육자이자 아동문학가인데, 권정생이 세상에 빛날 수 있도록 많은 도움을 주었습니다. 안동의 일직교회에서 종지기 를 하기도 했던 동화작가 권정생은 검소하게 살며 동화를 썼습니 다. 이 두 사람은 평생 서로 마음을 나누는 동무로 지냈습니다. 《몽실 언니》는 그 사람, 권정생이 쓴 소설입니다.

그들이 나눈 30년 편지 우정은 《선생님, 요즘은 어떠하십니 까: 이오덕과 권정생의 아름다운 편지》라는 책으로 출간되었습 니다. 그중 일부 구절을 소개해 드리겠습니다.

바람처럼 오셨다가 제*에게 많은 가르침을 주고 가셨습니다. 일평 생 처음으로 마음 놓고 제 투정을 선생님 앞에서 지껄일 수가 있었습 니다. … 출생지가 남의 나라였던 저는 여지껏 고향조차 없는 외톨 박이로 살아왔습니다. 아홉 살 때 찾아온 고국 땅이, 왜 그토록 정이 들지 않는지요? … 이오덕 선생님, 하늘을 쳐다볼 수 있는 떳떳함만 지녔다면, 병신이라도 좋겠습니다. 양복을 입지 못해도, 장가를 가지 못해도, 친구가 없어도, 세끼 보리밥을 먹고 살아도, 나는, 나는 종달새처럼 노래하겠습니다. — 권정생이 이오덕에게

산골에 있어도 할미꽃 한번 못 보고, 진달래꽃 한번 찾아가 보지 못하는 일과입니다. 며칠 전에도 여기를 오다가, 어느 골짜기 양지바른 산허리에 살구꽃 봉오리가 발갛게 부풀어 올라 아침 햇빛에 눈부시게 빛나고 있는 것을 보고 눈물이 날 뻔하였습니다. 저는 오랫동안 그 꽃봉오리를 바라보면서 여러 가지 생각에 잠겨 있었지요. 어릴 때 집 뒷산 언덕에 피어나던 살구꽃 생각도 해 보고, 이젠 이놈의 짓을 그만두고 어느 호젓한 산골짜기에 들어가 땅을 쪼며 살아야지, 하는 생각도 해 보았습니다. … 괴로울 때마다 저는 권 선생님을 생각해 봅니다. 그리고 편안한 생활 속에서는 결코 참된 문학을 할 수 없다는 진리를 생각해 봅니다. — 이오덕이 권정생에게

"언니, 언니…. 몽실 언니…."

《몽실 언니》는 남북분단과 전쟁을 배경으로 주인공 몽실이가 난남이를 비롯해 아버지가 다르고 또한 어머니가 다른 동생들을 돌봐 주며 불사조처럼 살아가는 이야기를 담고 있습니다. 단발머리에 하얀 저고리와 검정 치마를 입고, 검정 고무신을 신은 채 갓난아이를 색 바랜 포대기에 싸서 등에 업은 몽실이의 모습은 절망적인 시대를 살아온 우리 민족의 자화상이 아닐

수 없습니다. 특히, 전쟁이라는 극단적인 환경 속에서의 힘겨운 삶을 솜털구름같이 몽실한 희망으로 만드는 몽실이의 모습은 감동 그 이상입니다.

늘 그렇듯 《몽실 언니》에는 언제쯤 편지 이야기가 나오나 궁금해하고 있었는데 어느 대목에서 이런 문장을 만났습니다.

"아버진 왜 편지도 안 하실까?"

몽실이가 군대 간 아버지를 기다리며 한 말입니다. '아, 드디어 이 소설에도 편지가 등장하는구나' 하며 잔뜩 기대했습니다만 편지는 성급하게 모습을 드러내지 않았습니다.

《몽실 언니》에는 딱 한 통의 편지가 등장합니다. 소설은 30년이 훌쩍 지난 시점에서의 이야기가 에필로그 형식으로 마무리되는데, 거기에 동생 영순이가 몽실 언니에게 쓴 편지가 등장합니다. 언니 몽실이에 대한 고마움이 절절히 담긴 동시에 소설을 완성하는 화룡점정의 역할을 합니다. 물론 저는 감동이라는 귀한 선물을 받았습니다.

동생 영순이는 어떤 심정으로 이 편지를 썼을까 하고 많은 생각을 해 보았습니다. 문득 뜨개질이 떠오르더군요. 저에게 뜨개질은 정성이 담긴 모습의 상징으로 비치기 때문입니다. 바늘로 한 땀 한 땀 엮는 그런 심정, 그런 모습 말입니다. 실제로 영순이는 몽실 언니에게 그런 마음으로 편지를 썼을 것입니다. 편지가 뜨개질이라는 주장은 지나친 은유일까요?

몽실 언니, 그동안 몸 성히 계셨어요? … 언니, 몽실 언니, 이 세상에 가장 소중한 우리 언니. 언니 얼굴 못 봬온 지 벌써 일 년이 지났습니다. 형부랑 기덕이, 기복이 모두 무사하겠지요? 이곳 저희들도 모두 잘 있습니다. 아이들 아버지도 부지런히 농사일을 하고 있습니다. … 모두가 언니 덕분이어요. 언니가 아니었더라면 오빠도 영원히 비뚤어진 인생을 살다 죽었을 거여요. … 언니, 이번 겨울엔 세상 없어도 언니를 만나러 꼭 갈 거여요. 옥수수 갱엿 많이 만들어 가려고 벼르고 있어요. 그리고 한길에서 구두 수선을 하신다는 형부한테 따뜻한 저고리라도 하나 사 드리고 싶어요. 그럼 그때까지 기다려 주셔요. 언니, 언니 건강과 아이들과 형부 건강을 두 손 모아 빌고 또 빕니다. ─ 언니의 동생 영순 올림

몽실은 기어코 눈물을 찔끔거렸다.

소설 속에서는 영순이가 보낸 편지를 읽고 난 후 몽실의 모습을 이렇게 묘사했습니다. 절제가 너무 심한 표현이 아닐 수 없습니다. 저는 이 대목에서 눈물을 찔끔거린 것이 아니라 마치 저수지의 물이 터지듯이 흘리고 말았습니다. 어린 시절에 몽실과 영

순 같은 모습의 여인을 주위에서 많이 보았는데 그들의 모습이 떠올랐기 때문입니다.

몽실이와 난남이는 이복異腹 남매입니다. 아버지는 같고 어머니가 다릅니다. 아버지가 정 씨입니다. 그래서 정몽실, 정난남입니다. 몽실이와 영순, 영득은 이부異父 남매입니다. 어머니는 한 어머니이고 아버지가 다릅니다. 영순, 영득의 아버지는 김 주사입니다. 그래서 김영순, 김영득입니다. 따지고 보면 정난남과 김영순, 김영득은 실제로는 아무 사이도 아닌, 말 그대로 남남입니다. 그러나 몽실이의 헌신적인 노력으로 이들은 친남매 이상의 가족이 됩니다.

그 옛날에는 출가외인이라 해서 한번 헤어지면 영원히 만나지 못하는 경우도 있었습니다. 칡덩굴처럼 얽히고설킨 몽실이와 자매들은 오죽했겠습니까? 정을 나누는 방법은 오직 편지를 쓰는 것뿐이었을 것입니다. 특히, 몽실이는 동생들에게 언니이기 이전에 엄마였습니다. 편지를 쓰는 영순이나 받는 몽실이나 가슴이 덜덜 떨렸을 것입니다. 그래서 저는 이 편지를 세상에서 가장 정이 몽실몽실 피어나는 편지라고 기록하기로 했습니다.

편지로 해피엔딩을

《몽실 언니》의 마무리는 영순의 편지입니다. 그 편지는 해피엔딩의 정점이기도 합니다. 소설도 그렇고 현실 속의 많은 인생도 그렇습니다. 결국 마무리가 중요합니다. 마무리의 중요성은 아무리 강조해도 부족할 것입니다.

'공휴일궤'功虧一簣라는 좀 어려운 말이 있습니다. 목적 달성을 눈앞에 두고 있는데 마지막에 마무리를 제대로 하지 못해 오랜 노력이 허사가 되어 해피엔딩으로 끝나지 못했다는 뜻입니다. 이 또한 마무리의 중요성을 강조한 말입니다. 《서경》書經의 〈여오편〉旅獒篇에 나옵니다. 아홉 길 높이의 산을 쌓는데, 흙 한 삼태기가 모자라 쌓은 공이 무너진다는 구인공휴일궤九仞功虧一簣에서 유래한 말입니다. 흙 한 삼태기의 마무리가 해피엔딩이냐 새드엔딩이냐를 좌우합니다.

제 장모님은 TV 드라마 시청의 여왕이자 전문가입니다. 그래서 그런지 드라마에의 몰입도가 매우 강합니다. 특히, 막장 드라마에서 악역으로 나오는 배우에 대해서는 서운한 감정을 노골적으로 드러내기도 합니다.

"못됐어! 정말 못됐어."

그러나 한 장의 사진이 담긴 화면이 나오면 모든 것을 용서합니다.

"잘됐네!"

대부분의 드라마는 권선징악을 거쳐 결국에는 해피엔딩으로 끝납니다. TV 드라마에서 해피엔딩의 상징물은 무엇입니까? 바로 사진입니다. 전 출연진이 마치 '쫑파티'가 끝나고 함께 모여 찍은 것 같은 그런 사진 말입니다.

　우리 각자도 저마다의 인생 드라마를 쓰는 작가입니다. 결국에는 우리의 하루하루의 삶도 해피엔딩으로 마무리 지어야 할 것입니다. 어떻게 하느냐고요?

　먼저, 지적 감미로움이 넘치는 가수, 이적의 노래 〈해피엔딩〉을 이어폰을 끼고 들어 보는 건 어떨까요.

　삶은 길고 그렇게 쉽지도 않고 언제나 또 다른 반전 해피엔딩

　영원히 간직하기란 얼마나 어려운지 몰라.

　그런 다음에 할 일은 바로 편지를 쓰는 것입니다. 지금 이 순간 힘든 하루하루지만 그래도 멋진 마무리를 생각한다면, 지금 이 순간 그 사람과 오해가 생겨서 찝찝함이 남아 있다면, 편지를 써 보는 것은 어떨지요. 편지는 세상에서 가장 쉽고 효과 빠른 해피엔딩의 방법이 될 수 있기 때문입니다.

여덟 　**답장을 기다리는 마음**
《테스》, 토머스 하디

절망에 빠진 테스는 아무런 연락도 없는 남편에게
처절한 편지를 씁니다. 이런 애끓는 편지에도 남편
은 아무 대답이 없었습니다.

테스와 제르베즈, 누가 비극의 여인일까요?

우리는 소설 속에서 별의별 사람들의 인생을 만
납니다. 그들의 삶을 대리경험하며 자기 삶의 지혜를 얻지요. 그
중에서 저는 남성보다는 여성의 인생에 각별한 관심을 둡니다.
특히, 비극적인 삶을 산 여성을 만나면 아픈 마음이 꽤 오랫동안
지속됩니다. 가끔, 단 한 여인을 꼽는다면 누구일까를 자문자답
해 보기도 했습니다. 그런데 인생의 선택은 언제나 둘 중 하나라
는 말이 있듯, 언제부터인가 두 여성이 저를 슬픈 눈으로 바라보
고 있었습니다. 저의 두 심장 속을 각각 차지한 여성은 바로 에밀
졸라Emile Zola의 《목로주점》 여주인공 '제르베즈'와 토머스 하디
Thomas Hardy의 《테스》 여주인공 '테스'였습니다.

어느 날 유튜브 투어를 하던 중 놀라운 콘텐츠를 발견했습니다. '두 여인의 불행 배틀, 누가 더 불행할까?'를 다룬 내용이었습니다. 두 여인은 바로 테스와 제르베즈였습니다. 이른바 '불행 배틀'은 나 혼자만의 엉뚱한 생각이라고 여기고 있었는데 생각이 비슷한 사람을 만나니 반갑기도 하고 한편으로는 머쓱하기도 했습니다. 두 여인 모두 읽는 이의 가슴을 몹시도 아프게 하는 비극의 여인이지만, 저는 테스를 선택했습니다. 이유는 단 하나입니다. 소설 《테스》는 여러 종류의 편지가 등장하는 편지의 소설이기 때문입니다.

《테스》를 읽는 동안 다양한 감정의 골짜기를 오르내렸습니다. 연민, 사랑, 안타까움, 분노…. 테스라는 캐릭터는 저에게 연인, 아내, 누이 등 여러 여성의 모습으로 다가왔습니다. 테스의 안타까운 비극 때문일 것입니다. 주인공 테스는 객관적으로 볼 때 비극의 운명에 빠질 만한 조건을 단 하나도 갖지 않은 여성입니다. 순결하고 헌신적이고 자립심도 강하고 거기에다 예쁘기까지 합니다. 그런 테스임에도 냉혹한 사회적 인습과 가식적 도덕 기준에 의해 파멸에 이릅니다.

"에인절, 이 무서운 유혹에서 절 건져 주세요"

테스의 비극은 아주 우연히 시작됩니다. 기울어 가는 집안을 위해 다른 지역으로 옮겨가 고용살이를 하지만, 젊은 주인인 알렉에게 순결을 잃고 맙니다. 악마 같은 알렉에게서 겨우 도망쳐 나오지만 불행은 계속됩니다. 아이를 출산했지만 아이가 죽고 만 것입니다. 테스는 또 한 번 멀리 떠나 어느 낙농장에 일자리를 얻습니다.

테스는 그 농장에서 또 한 사람의 운명적인 남자를 만납니다. 바로 에인절입니다. 그는 테스가 생각하는 이상형의 남자였지요. 그는 지적이고 침착하고 섬세하여 다른 사람들과 구별되는 남자였습니다. 특히, 알렉과는 정반대의 남자였습니다. 에인절과 테스, 두 사람은 아담과 이브처럼 서로에게 강하게 끌립니다. 하지만 테스는 자신의 과거 때문에 다가오는 에인절을 밀어내고 애써 피합니다. 그러나 에인절의 줄기찬 청혼 전략에 무너지며 마침내 에인절을 받아들입니다.

테스는 에인절에게 자신의 과거를 고백하려고 여러 번 시도하지만 실패합니다. 그날의 사건과 지나온 날을 적은 고백편지까지 써서 에인절의 방에 넣기도 하지만 전달되지 못하지요. 결국 테스는 신혼 첫날밤에 알렉과 있었던 자신의 과거를 고백합니다. 남편 에인절이 젊은 시절 방탕한 이야기를 먼저 털어놓자 용기가 났기 때문입니다. 테스는 에인절에게서 시쳇말로 함께 '퉁치고' 과거는 서로 없던 일로 하자는 용서와 위로를 기대했던 것입니다.

그러나 상황은 이와는 정반대의 결과를 낳고 말았습니다. 청천벽력 같은 테스의 고백을 듣고 난 에인절은 한마디로 꼭지가 돌아버립니다. 테스를 순결한 여인의 탈을 쓴 죄 많은 여인, 그러니까 사기꾼으로 여기고 테스의 곁을 떠나갑니다.

에인절은 당시의 인습과 편견에 지극히 비판적인, 이른바 진보적인 젊은이였습니다. 그러나 자신의 여자 문제에 관해서는 그러한 모습을 보여 주지 못했습니다. 스스로를 피해자로 여기며 테스를 혼자 놔두고 브라질로 떠났습니다. 테스는 정신적 슬픔뿐만 아니라 모진 육체적 고초까지 겪으며 에인절이 돌아와 주기를 기다리지만, 에인절의 대답은 들려오지 않습니다. 설상가상으로 테스의 아버지가 급사하고 어머니와 여섯 동생은 졸지에 거리에 나앉는 위기를 맞습니다.

그즈음 테스와 우연히 재회한 알렉은 테스의 가족을 노숙에서 구해 주고 살림을 대주면서 테스에게 다시 집착하며 집요하게 구애합니다. 테스에 대한 악마의 치명적인 유혹은 그칠 줄을 모릅니다. '다시 시작하자'고 합니다. '모든 것을 다 해준다'고도 합니다. 실제로 악마는 물질적 측면에서는 그런 능력이 있었습니다. 절망에 빠진 테스는 아무런 연락도 없는 남편 에인절에게 편지를 씁니다. 어서 빨리 돌아와서 자신을 구해 달라고 부르짖는 처절한 편지였습니다.

그리운 남편에게

당신을 남편이라고 부르는 것을 용서해 주세요. 변변찮은 아내이긴

하지만 괴로운 심정을 당신께 호소하지 않고는 견딜 수가 없군요. 아무도 의지할 사람이 없으니까요. 저는 지금 무서운 유혹을 받고 있습니다. 에인절, 그 유혹자가 누구인지 말하기도 싫고 그 내용을 말하기도 싫어요. …

　당신이 없는 곳에서는 태양도 절 비춰 주지 않고 들에 있는 까마귀나 찌르레기도 보기가 싫어요. 당신과 함께 그것들을 바라보던 추억이 떠오르고 가슴에 슬픔이 사무쳐 오기 때문에 차마 바라볼 수가 없어요. 하늘에서나 땅 위에서나 지옥에서라도 당신을 만나고 싶은 것이 저의 단 하나 남은 소망입니다. 부디 돌아와 주세요. 돌아오셔서 이 무서운 유혹에서 절 건져 주세요.

슬픔에 잠긴 당신의 충실한 아내

테스 올림

　이와 같은 테스의 애끓는 편지에도 에인절은 아무 대답이 없었습니다. 테스는 점점 무너지고 악마의 유혹에 이끌려 그 품에 기대려 합니다. 마침내 남편에게 최후의 메시지를 보냅니다. 소설에서는 휘갈겨 썼다고 표현되어 있는데 에인절에 대한 애증의 절박한 마음을 드러내는 것 같아 안타까웠습니다. 테스의 속마음은 아마 이런 심정이었을 것입니다. '에인절 당신, 내가 죽여 버릴 거야!' 아, 가엾은 테스.

오, 당신은 왜 절 그토록 모질게 대하는 거죠? 에인절, 제겐 그런 대접을 받을 이유가 없다고요. 전 이 모든 걸 찬찬히 생각에 생각을 거듭해 보았지만, 절대로, 당신을, 당신을 용서할 수 없어요! 제가 일부러 당신에게 잘못한 게 아니라는 걸 당신도 아시잖아요. 그런데 당신은 어째서 절 그렇게 아프게 하는 거죠? 당신은 잔인해요. 그래요, 정말 잔인하다고요! 전 당신을 잊으려고 애쓸 거예요. 당신에게 받은 건 오로지 부당함뿐이에요!

결국 테스는 죽기보다 싫었지만 악마 같은 남자 알렉의 정부情婦가 됩니다. 에인절은 뒤늦게 테스를 버린 자신의 과오를 깨닫고 브라질에서 다시 영국으로 돌아와 테스를 찾습니다. 그러나 테스는 에인절에게 이렇게 이야기합니다.

"너무 늦었어요. … 전 당신을 기다리고 또 기다렸어요. 하지만 당신은 오시지 않았어요! 당신에게 편지를 썼는데도 당신은 돌아오지 않았어요! 그 사람은 계속 내게 당신은 절대로 돌아오지 않을 거라고 하면서 나보고 바보 같은 여자라고 말했어요. 그 사람은 우리 아버지가 돌아가신 뒤 제게, 우리 어머니에게 그리고 우리 식구 모두에게 정말 친절하게 대해 주었어요. 그 사람은 … 그 사람이 다시 나를 차지했다고요."

에인절의 등장은 당연히 테스와 알렉의 갈등을 야기합니다. 비련悲戀의 영혼 테스는 알렉과 다투던 중 우발적으로 그를 살해합니다. 그리고 에인절을 뒤쫓아 갑니다. 에인절과 테스는 일주일간 도피행각을 벌입니다. 마침내 그들은 도피를 포기하고 테스는 체포됩니다. 그리고 형장의 이슬로 사라집니다. 살인까지 저질렀지만 세상에서 가장 순수했던 여인 테스의 일생은 이렇게 그 막을 내립니다.

답장이 있었으면 불행은 사라졌을까

안타까운 마음으로 답장을 기다리는 테스의 심정을 생각해 보는데 추억의 노래 하나가 입에서 맴돌았습니다. 박우철이라는 미남 가수가 불러 1970년대에 크게 히트한 노래 〈돌아와〉입니다.

그리운 마음 따라 아쉬운 미련 목 메이게 부르는 이름
돌아와 다시 돌아와, 돌아와 내게 다시 돌아와

이 글을 쓰기 얼마 전 지인에게 문자 하나를 보냈습니다. 그런데 끝까지 답장을 하지 않더군요. 지금도 분이 안 풀려서 상대방을 보면 욱하는 심정이 일고 따지고 싶은 마음이 들곤 합니다. 분노, 비참, 자책 등 별의별 감정이 다 들더군요. 휴대전화 문자에 답장이

오지 않아도 이럴진대 정성 들여 쓴 편지에 답장이 오지 않는다고 생각해 보세요. 화가 나지 않는 사람이 오히려 비정상일 것입니다. 이런 의미에서 답장하지 않는 것은 일종의 '폭력'입니다.

예전부터 '기다린다'는 말을 들으면 자연스레 생각나는 노래가 있습니다. 바로 〈오빠 생각〉이라는 노래입니다.

> 뜸북뜸북 뜸북새 논에서 울고 뻐꾹뻐꾹 뻐꾹새 숲에서 울 제
> 우리 오빠 말 타고 서울 가시면 비단구두 사 가지고 오신다더니

이 노래에는 편지에 얽힌 드라마 같은 사연이 있어 더욱 흥미롭습니다. 그 사실을 알고부터는 편지를 기다리는 마음이 이 노래와 함께 연상되어 더욱 절실한 감정이 생겼습니다. 그래서 저에게 답장을 기다리는 마음은 '오빠 생각'입니다.

열두 살 최순애는 서울 가서 소식이 없는 오빠를 그리워하며 지은 시 〈오빠 생각〉을 어린이 잡지에 투고했다. 이 시에 감동한 이원수가 최순애에게 편지를 보냈다. 10년간의 연애편지 교환 끝에 두 사람이 처음 만나기로 한 날, 이원수는 일본 고등계 형사에게 체포돼 1년간 옥살이를 했다. 석방과 동시에 두 사람은 결혼했다. 〈오빠 생각〉을 작곡한 박태준은 생전에 최순애와 한 번도 만난 적이 없다.

— 김동률, "노래가 있는 풍경", 〈신동아〉

대학생을 대상으로 하는 강의에서 답장을 기다리는 마음에 관해 이야기를 나눈 적이 있습니다. "택배 왔습니다", 뭐 이런 소리를 듣고 싶은 심정 아니냐고 젊은 친구들이 말하더군요. 참 간결하면서도 좋은 표현이라며 서로 무릎을 치며 깔깔 웃은 적이 있습니다. 자연스럽게 답장의 기다림은 곧 택배의 기다림이 되었습니다.

　이런 몇 가지 예를 보더라도 편지를 받았다면 답장은 꼭 해줘야겠습니다. 온다는 택배가 오지 않고 있대도 이성적으로 가만히 기다릴 자신이 있습니까?

아홉 ## 권태를 극복하는 방법
《적과 흑》, 스탕달

고개를 살짝 돌리고 눈을 조금만 크게 떠보면,
권태를 극복하는 방법은
당신 바로 가까이에 있습니다.

쥘리앵과 나폴레옹, 누가 더 매력적인 남자인가?

소설 《적과 흑》은 한 젊은 남자의 사랑과 야망에 관한 이야기입니다. 그 젊은이의 이름은 쥘리앵입니다. 쥘리앵은 신분 상승을 꿈꾸는 야심만만한 남자입니다. 그는 탁월한 남자입니다. 미남에다 총명하고 머리까지 좋습니다. 라틴어로 된 신약성경을 통째로 외울 정도로 기억력도 비상합니다. 이 모든 뛰어남은 특히 여인들의 눈에 더 잘 띄었습니다. 그는 나폴레옹을 신봉하고 존경했습니다. 단숨에 파리의 스타가 되길 갈구했기 때문입니다. 나폴레옹이 프랑스의 스타가 됐던 것처럼 말입니다.

그러나 뛰어난 재능에도 결국에는 신분 상승에 실패하고 맙니다. 가고자 하는 길을 선택하는 데 문제가 있었기 때문입니다.

당시 출세하는 길은 두 가지였습니다. 하나는 군인의 길을 가는 것이고, 또 다른 하나는 성직자의 길을 가는 것입니다. 그래서 소설 제목도 《적과 흑》입니다. 적赤은 군복, 흑黑은 성직복을 상징합니다.

그는 군인의 길도 성직자의 길도 아닌, 상류층 여인의 애인이 되는 길을 선택합니다. 어떤 여자와는 내연의 관계였고 어떤 여자와는 연인의 관계였습니다. 오직 빠른 출세를 위해 선택한 비정상적인 길의 결과는 비참했습니다. 결국, 세상으로부터 외면받고 단두대에 올라 형장의 이슬로 사라지고 만 것입니다.

편지를 썼어요, 사랑하는 그대에게

주인공 쥘리앵 소렐은 제재소를 운영하는 목수의 아들로 태어났습니다. '흙수저에서 금수저'로의 변신을 위해 야심을 불태우던 중, 그 지역시장인 레날의 집에 가정교사로 입주합니다. 거기서 레날 부인과 눈이 맞아 이른바 불륜 관계가 됩니다. 꼬리가 길면 밟히는 법입니다. 불행의 나팔 소리가 들리기 시작했습니다. 처음 그 나팔은 분 사람은 바로 레날 부인의 하녀였습니다. 엘리자라는 이름의 하녀는 쥘리앵에게 청혼했으나 거절당한 터라 그를 미워하고 있었습니다. 어느 날 그녀는 주인 레날 시장과 경쟁 관계에 있는 발르노라는 사람을 찾아가 이런 말을 합니다.

"사실대로 말씀드리면 저는 쫓겨날 거예요! 불쌍한 하인들은 비밀을 털어놓으면 절대로 용서받지 못하는 법이죠. … "

엘리자의 이러한 비밀 누설은 발르노 씨의 자존심에 심한 상처를 입히는 결과를 초래합니다. 그는 젊은 시절 레날 부인을 자그마치 6년 동안이나 쫓아다녔지만 되돌아온 것은 이러한 모욕뿐이었습니다. 그런 오만한 여자가 가정교사로 꾸민 풋내기 노동자 녀석을 정부로 삼고 그것도 모자라 그 남자를 열렬히 사랑까지 한다니 미치고 환장할 노릇 아니었겠습니까. 바로 그날 저녁 레날 시장은 긴 익명의 편지 한 통을 받습니다. 그 편지에는 당신 집에서 당신의 부인이 누구와 불륜을 저지르고 있다는 내용이 세세히 담겨 있었습니다.

남편 레날은 질투와 분노로 피가 거꾸로 솟았지만 자신의 명예가 손상될까 염려하여 일단 묻어 두고 지나갑니다. 일단 레날 부인과 쥘리앵이 승리한 것입니다. 그녀는 약속대로 창문의 쇠창살에 승리의 흰 손수건을 비끄러맸습니다. 아니, 승리의 손수건이 아니라 '불륜의 손수건'이라고 부르는 것이 더 정확한 표현이겠군요.

남편의 이러한 태도 덕분에 쥘리앵과 레날 부인은 당장의 화는 모면합니다. 그렇지만 나중에 결국 쥘리앵은 레날 부인과 헤어져 파리로 갑니다. 그곳에서 드라몰이라는 후작의 집에 집사로 일하게 됩니다. 후작은 쥘리앵의 일솜씨를 높이 사서 그를 참모장감으로 여겼기 때문입니다. 그 집에는 마틸드라는 이름의 딸이 하나 있었는데 거기에서도 쥘리앵의 남성성은 빛을 발합니다. 쥘리앵은 그녀를 정복하고 임신까지 시킵니다. 두 사람은 신분 차이에도 불구하고 어쩔 수 없이 결혼하기로 합니다.

한편 레날 부인은 쥘리앵이 마틸드와 결혼할 것이라는 소식을 듣고 정신이 확 돌아 버립니다. 그토록 열렬했던 사랑이 질투로 변한 것입니다. 그녀는 마틸드의 아버지 드라몰 후작에게 편지를 씁니다.

종교와 도덕의 신성한 대의에 관한 의무로 말미암아, 저는 귀하께 지극히 괴로운 책무를 이행하지 않을 수 없습니다. 위반할 수 없는 원칙이 지금 제게 이웃 사람에게 해로운 증언을 하라고 명령하고 있습니다. 그러나 그것은 더 커다란 추문을 방지하기 위한 것입니다. … 양심적으로 말씀드려, 그 사람이 어떤 가정에서 성공하기 위한 수단의 하나는 가장 신뢰받는 그 가정의 여인을 유혹하는 것이라고 저는 생각하지 않을 수 없습니다. 무사무욕無邪無慾한 겉모양과 소설 투의 번지르르한 문구로 가장한 그 사람의 유일한 큰 목표는 그 집안의 주인과 그 재산을 자기 뜻대로 좌우하려는 데 있습니다. 그는 뒤에 불행과 영원한 회한을 남기는 사람입니다.

— 레날 부인이 드라몰 후작에게 쓴 편지 일부

드라몰 후작은 마침 쥘리앵의 과거 행적을 알아보던 차였습니다. 결국 결혼은 파혼을 맞습니다. 쥘리앵은 하루아침에 나락으로 떨어집니다.

분노한 쥘리앵은 복수를 결심합니다. 급기야 장전된 권총을 구입해 교회에서 기도를 올리고 있던 레날 부인에게 두 번의 방아쇠를 당깁니다. 그녀는 즉사하지는 않았지만 총상의 후유증과 쥘리앵의 사형 소식에 따른 심적 고통으로 쥘리앵이 세상을 떠난 지 사흘 후 죽음을 맞습니다. 불륜과 야욕의 끝은 바로 불행이라는 이름의 단두대, 바로 그곳뿐이었던 것입니다.

쥘리앵은 레날 부인에 대한 총격 사건으로 체포되어 감옥에 수감됩니다. 그곳에서 사실상의 부인인 마틸드를 생각합니다. 살아서 나갈 수 없다고 판단한 그는 그녀에게 총격 사건에 대한 변을 담은 영원한 이별의 편지를 보냅니다.

나는 복수를 했습니다. 불행히도 내 이름이 신문에 나타날 것입니다. 나는 이 세상에서 남몰래 사라져 버릴 수가 없군요. 두 달 후면 나는 죽을 것입니다. 당신과 헤어지는 고통이 그랬듯이 복수는 참혹한 것이었습니다. … 앞으로는 말하지도 쓰지도 않겠습니다. 내 이 최후의 말은 당신에게 보내는 내 마지막 사랑의 뜻으로 받아 주십시오.

— 쥘리앵이 마틸드에게 보낸 편지 일부

권태를 권태하자

《적과 흑》을 읽으며 영화 〈언페이스풀〉Unfaithful (불륜)이 겹쳐 생각이 났습니다. 불륜이라는 같은 주제가 그 이유일 것입니다. 영화에서도 뭐 하나 부족한 것 없는 여자가 우연히 만난 프랑스 젊은 남자와 눈이 맞아 걷잡을 수 없는 불륜의 소용돌이 속으로 빠져듭니다. 결국 남편에게 이들의 관계가 발각되고 젊은 애인은 남편에 의해 살해당합니다. 부인의 뒤늦은 후회가 이어지지만 이미 때는 늦은 것이죠. 영화를 보는 내내 안타까움을 금할 길이 없었습니다. 왜 사람의 마음이 저렇게 쉽게 흔들리는가 하고 말입니다. 원인은 삶의 '권태'倦怠 때문이라는 결론을 내렸습니다.

세상에서 가장 무서운 것은 가난도 걱정도 병도 아니다. 그것은 삶에 대한 권태다.

《군주론》의 마키아벨리Niccolò Machiavelli도 권태를 이렇게까지 표현했습니다. 권태. 이 무서운 단어에 매몰되지 말아야 할 것입니다.

《적과 흑》 속의 레날 부인과 마틸드, 이 두 여인도 마찬가지의 경우였습니다. 물론 쥘리앵의 남성적인 매력도 있었지만 두 여인이 쥘리앵에게 빠져들던 요인은 각자가 안고 있었던 삶의 권태 때문이었습니다.

레날 부인의 권태는 남편에서 비롯됐습니다. 남편 레날 시장은 10년의 결혼 생활 동안 부인을 돌멩이나 나무보다도 못한 존재로 취급했습니다.

마틸드의 권태는 이와는 약간 다른 권태였습니다. 마틸드는 한마디로 파리의 '노는' 여자였습니다. 그러하기에 남자를 잘 압니다. 그저 그런 놈들에게 만족할 수가 없었습니다. 늘 신선한 수컷의 등장을 기대했지요. 모든 것을 다 갖춘 남자처럼 보이는 쥘리앵을 그녀가 가만 놓아둘 이유가 없었던 것입니다.

소설을 통해 다시금 권태의 무서움을 깨닫습니다. 저는 편지 쓰기가 삶의 권태를 없애 주는 좋은 방법이라고 생각합니다. 당신의 권태 극복 기술은 무엇인지요?

낙엽이 지던 어느 가을 오후에 마포우체국 앞에서 오랜만에 선배를 만났습니다. 그는 큰 덕담 하나를 날렸습니다.

"야! 얼굴에 활기가 돈다. 비결이 뭐야?"

저는 그날 마포우체국에서 편지와 함께 책 몇 권을 택배로 보내고 나오던 차였습니다. 선배에게 직접 큰 소리로 말하지는 못했지만 속으로는 '편지를 쓰고 우체국에 다녀와 보세요. 그것이 비결이라면 비결입니다'라고 말하고 있었습니다. 편지를 쓰는 일도 가슴 떨리지만, 우체국에 가서 우편물을 직접 보내 보는 일로도 말로 표현할 수 없는 짜릿함을 경험할 수 있습니다.

우선 포장상자를 고릅니다. 제일 작은 상자가 1호상자입니다. 그리고 테이프를 붙이며 포장도 하고 주소도 직접 써보는 겁니다. 볼펜으로 꾹꾹 눌러 상대방의 이름을 쓰고 주소를 적을 때 작은 설렘으로 인한 행복을 맛볼 수가 있습니다. 받는 사람의 미소 가득한 얼굴이 떠오르기 때문입니다. 물론 직접 우체국을 방문하지 않고 근처에 있는 빨간 우체통에 편지 한 통을 톡 떨어뜨려도 얻는 행복감은 동일합니다.

다만, 갈수록 우체통의 우편물 수가 급감하면서 우체통의 수도 많이 줄어든 것이 아쉽습니다. 전자통신 기술이 발달하면서 아날로그적인 감성이 줄어 가는 것 같아 안타깝습니다. 가끔씩 소중한 사람에게 한 통의 편지를 써서 빨간 우체통에 넣어 보는 건 어떨까요?

아내에게, 남편에게, 애인에게 혹은 오랜 친구에게 한 통의 편지를 쓰고 설렘을 담아 우체통에 넣는 의식만으로도 은은하게 미소 짓는 자신을 발견할 것입니다. 고개를 살짝 돌리고 눈을 조금만 크게 떠보면, 권태를 극복하는 방법은 당신 바로 가까이에 있습니다.

우체통 수가 줄고 있다.
권태를 극복할 수 있는 기회도 그만큼 줄어드는 것 같아 안타깝다.

열 편지의 남자

《젊은 베르테르의 슬픔》, 요한 볼프강 폰 괴테

로테에 대한 베르테르의 일방적 사랑은
애초부터 이루어질 수 없는 사랑이었습니다.
베르테르는 그리움과 안타까움을 편지에 담습니다.

계절이 오면, 계절이 오면

저는 매년 좀 별난 계절병을 앓습니다. 굳이 이렇게 표현한 것은 저의 계절병은 춘곤증春困症처럼 봄날에 느끼는 나른한 기운의 증세가 아니기 때문입니다. 저만 이런 게 아니라 어쩌면 당신도 저와 마찬가지의 계절병에 시달리고 있을지 모를 일입니다. 4월이 오면, '잔인한 달' 운운하면서 T. S. 엘리엇Thomas Stearns Eliot의 〈황무지〉를 읊조리게 됩니다.

사월은 가장 잔인한 달 / 죽은 땅에서 라일락을 낳고 / 추억과 욕망을 뒤섞으며 / 봄비로 잠든 뿌리를 휘젓는다 / 겨울엔 오히려 따뜻했지 / 망각의 눈으로 대지를 덮고 / 마른 구근에 약간의 생명을 대주었지

어디 이것뿐이겠습니까. 매년 목련이 필 때면 저절로 중얼거리는 노래 하나가 있습니다. 박목월의 시에 우리나라 최초의 여류 작곡가인 김순애 선생이 곡을 붙인 〈사월의 노래〉입니다. 베르테르의 편지를 읽는다는 그 노래 말입니다.

목련 꽃 그늘 아래서 베르테르의 편지 읽노라 / 구름 꽃 피는 언덕에서 피리를 부노라 / 아, 멀리 떠나와 이름 없는 항구에서 배를 타노라

어린 시절에는 늘 의문 하나에 고개를 갸우뚱하곤 했습니다. 왜 하필 베르테르의 편지일까? 소설 《젊은 베르테르의 슬픔》이 발표됐을 당시 많은 청춘 남녀가 주인공 베르테르처럼 자살했다고 하지요. 일명 베르테르 효과입니다. 감동의 크기가 얼마나 컸기에 그런 일이 벌어졌을까요. 괴테Johann Wolfgang von Goethe의 《젊은 베르테르의 슬픔》을 읽어 본 사람이라면, '베르테르의 편지'가 무슨 사연을 담고 있는지 잘 알 것입니다. 베르테르는 그가 사랑하는 로테에 관한 이야기를 편지로 써서 친구 빌헬름에게 (정말로) 구구절절 들려줍니다. 이른바 편지소설의 고전입니다. 이것이 제가 이 소설을 소개하지 않을 수 없는 이유 중 하나였습니다. 한편 저의 계절병은 10월에 들어 이용의 〈잊혀진 계절〉을 부르며 그 정점을 찍습니다.

편지의 남자, 베르테르

사실 로테에 대한 베르테르의 일방적 사랑은 애초부터 이루어질 수 없는 사랑이었습니다. 그리움과 안타까움만 쌓일 뿐이었죠. 베르테르는 그러한 심정을 편지에 담습니다.

오오, 나의 천사여! 너를 위해 나는 살아가지 않으면 안 된다!

소설 《젊은 베르테르의 슬픔》은 액자편지소설입니다. 서간체소설, 즉 편지소설인데 그 속에 또한 여러 편의 편지가 등장합니다. 그중 하이라이트는 베르테르가 그토록 좋아했던 로테에게 보낸 5편의 슬픈 편지입니다.

베르테르는 운명처럼 만난 로테에게 주체할 수 없는 사랑의 감정을 느낍니다. 심장은 뛰고 감정은 골수에 사무쳤습니다. 편지를 쓰지 않고는 어쩔 도리가 없었습니다. 그렇게 첫 번째 편지가 쓰였습니다.

사랑하는 로테, 당신에게 편지를 쓰지 않고는 견딜 수 없습니다. … 그러나 지금 이 초가집, 이 적막함 속에서 눈비가 요란하게 창문을 때리는 소리를 들으며 틀어박혀 있으려니 제일 먼저 생각나는 것은 당신이었습니다. 이 방에 발을 들여놓자마자 나에게 달려든 것은 당신 모습, 당신 생각이었습니다. 오오, 로테! 거룩하게! 청순하게! 따스하게! 아아, 저 최초의 행복했던 순간이 다시 살아났습니다.

— 베르테르가 로테에게 1

사실 베르테르가 로테에게 쓴 마지막 편지는 베르테르가 죽은 다음, 봉해진 그대로 책상 위에서 발견되었습니다. 물론 그 편지는 로테에게 전달되었습니다. 다만 편지를 쓴 순서가 애매합니다. 앞뒤의 정황을 추측하여 두 번째 편지로 여기에 놓아 소개합니다.

결심했습니다. 로테, 나는 죽습니다. 당신을 보는 것도 마지막이 될 날 아침에 낭만적인 과장도 없이 조용히 이 편지를 쓰고 있습니다. 당신이 이것을 읽는 무렵에는, 아아! 그리운 사람이여, 이 불안하고 불행한 남자의 굳어 버린 시체는 이미 싸늘해져 무덤 속에 누워 있을 것입니다. … 아름답게 갠 여름날 저녁, 그 언덕 위에 오를 때는 제발 나를 생각해 주십시오. 골짜기를 거쳐서 그 언덕에 자주 오르내렸던 나를 추억해 주십시오. 그리하여 멀리 교회 묘지 쪽을 바라보다 저녁놀 속에 키 큰 풀이 바람에 날리는 나의 무덤 근처를 바라봐 주십시오.

— 베르테르가 로테에게 2

아주 우연히 극적인 사건이 발생했습니다. 베르테르가 로테의 남편 알베르트가 없는 로테의 집을 찾아가 시를 낭송한 후에 로테에게 미친 듯한 키스를 해댄 것입니다. 물론 계획적이 아닌 우발적인 상황이었습니다. 그러나 이 사건은 로테를 매우 당황케 했습니다. 넘지 말아야 할 선을 넘은 것 같은 심정이었겠지요. 드디어 올 것이 왔다는 심정이었을 것입니다. 그래서 그런가요. 서로 주고받는 말이 안타까울 뿐입니다.

"베르테르 씨, 다시는 오지 마세요."
"잘 있어요, 로테, 영원히 잘 있어요."

우리의 순정남 베르테르는 또다시 편지를 써야만 했습니다.

드디어 마지막이 다가왔습니다. 이렇게 눈을 뜨고 있는 것도 이것이 마지막입니다. 아아, 나의 눈은 두 번 다시 태양을 보지 못할 것입니다. …

이것들은 모두 덧없는 것입니다. 그러나 어제 당신 입술에서 맛본, 지금도 마음으로 느끼고 있는 이 타오르는 생명만은 영원히 지울 수가 없습니다! 이 사람은 나를 사랑하고 있다! 이 팔은 사랑하는 그 사람을 껴안고, 이 입술은 그 사람 입술 위에서 떨고, 이 입은 그 사람의 입언저리에서 속삭였다. 그 사람은 내 것이다. 당신은 내 것입니다. 그렇습니다. 로테, 영원히.   — 베르테르가 로테에게 3

편지에서 생생하게 드러난 것처럼 베르테르는 자살을 결심합니다. 자살에 권총이 필요할 것입니다. 어떤 의도인지는 모르겠지만 그는 알베르트에게 권총을 빌려 달라고 하고, 알고도 모른 체한 것인지 모르지만 알베르트는 그에게 권총을 빌려주었습니다. 물론 로테는 불길함을 감지했습니다. 그러나 어떤 조치도 취할 수 없었습니다. 하인을 통해 권총을 전달받은 베르테르는 또 하나의 편지를 썼습니다.

이 권총은 당신의 손을 거쳐 왔습니다. 당신이 먼지를 닦아 주었습니다. 나는 천 번 만 번 키스합니다. 당신의 손이 닿은 것이기 때문입니다! 하늘의 성령이여, 당신은 나의 결심에 은혜를 베풀어 주었습니다. 로테, 당신은 이 무기를 나에게 내어 주었습니다. …

그에게 권총을 건넬 때 당신은 부들부들 떨었지요. 마지막 인사는 결국 주시지 않았군요! 아아, 괴롭고 야속합니다. 마지막 인사가 없었다니! 나를 당신과 영원히 결합시킨 그때의 일 때문에 당신은 내게 대하여 마음의 문을 닫고 말았습니까? 몇천 년이 지난다 해도 그 감명은 사라지지 않습니다!　　　　　　　　— 베르테르가 로테에게 4

베르테르는 결국 자살을 실행에 옮깁니다. 그리고 최후의 편지를 남깁니다. 편지라기보다는 유서遺書입니다. 이렇게 젊은 베르테르의 슬픈 편지 드라마는 비극적으로 막을 내립니다.

주위는 죽은 듯이 고요합니다. 나의 영혼도 고요합니다. 하느님! 이 마지막 순간에 이 열정과 이 힘을 내려 주신 것을 감사드립니다. 그리운 사람이여, 나는 창가에 다가서서 비바람에 날리는 별을 바라봅니다. 저 구름 너머 영원한 하늘에 박힌 별! 별이여, 그대들은 절대로 떨어지지 않는다. 영원한 자가 그 가슴으로 그대들을 안아 주신다. 그리고 나까지도. …

아아, 그러나 그 끝이 이렇게 되리라고는 생각조차 못 했습니다! — 하지만 걱정하지 마십시오. 제발 걱정하지 말아 주십시오. — 총알은 재여 있습니다. — 12시를 치고 있습니다! 그럼! — 로테! 로테, 잘 있어요! 잘 있어요!   — 베르테르가 로테에게 5

고등학교 시절이었습니다. 교실 한구석에서 웅성거리는 소리가 들렸습니다. 청주 출신 여자 연예인에 관해 입방아를 찧는 중이었습니다. 그 내용이 정말로 사실인지 아니면 꾸며낸 속칭 '찌라시' 뉴스인지는 모르겠습니다만 대략 이런 이야기들이 오고 갔던 것으로 기억합니다. 그 여자가 고등학교 시절에 C 고와 K 고 남학생 사이에서 줄다리기를 했다, 결론은 둘 다 차였다, 그런데 그 남자 둘이 모두 편지를 써 놓고 자살했다.

그러자 듣고 있던 다른 친구들이 이런 얘기를 했습니다.

"아! 젊은 베르테르의 슬픔이다."

살아서 죽을 것인가, 죽어서 살 것인가

　　앞에서 '베르테르 효과'를 언급한 바 있습니다. 이 글을 쓰고 있을 즈음에 노회찬 의원의 자살 사건이 터졌습니다. 노회찬 의원은 제가 좋아했던 정치인이었습니다. 언론에서는 '베르테르 효과'를 우려했습니다. 저 또한 몹시 안타까운 마음으로 칼럼을 썼습니다. 젊은 베르테르의 슬픔과는 다른 필자의 슬픔이 담긴, 노회찬 의원에게 보내는 일종의 편지였습니다.

노盧 노魯 노魯 노No

노회찬 의원이 스스로 목숨을 끊고 영면했다. 깨끗한 정치, 특권과 기득권 폐지, 진보정치의 상징, 약자의 대변인, 이런 말들이 평소 그를 상징했다. 오늘날 우리나라의 정치권 풍토에서 이런 말을 듣는 정치인을 보기란 드물다.

　　필자 주위의 지인들은 노 의원을 두고 천연기념물 같은 정치인이라는 표현도 했다. 그러하기에 그의 죽음에 대한 안타까움이 너무 크다. 자연스럽게 고故 노무현 대통령을 떠올리며 눈물을 훔치게 되는 것은 필자만의 경우는 아닌 것 같다.

　　언론에서도 그의 죽음에 대한 각별함이 묻어난다. "너무나 안타깝다. 한국 정치의 귀한 자산을 잃었다." "왜 그렇게 꼭 극단적인 선택을 했는지 모르겠다." "뚝심 인사라고 생각했는데 안타깝다." "이거 오보 아닌가?"

장례식장 한편에 빼곡히 붙은 추모의 글에는 절절함과 안타까움의 정도가 더욱 깊게 묻어난다. 당리당략黨利黨略과 사리사욕私利私慾으로 대변되는 여타 정치인과는 달리, 신뢰할 수 있고 희망을 볼 수 있는 정치인에 대한 진한 아쉬움의 표현이다. 이른바 '노회찬 현상'이 뜨거운 여름을 더욱 달구었다.

인간 노회찬에 대한 평가는 사람마다 입장에 따라 다를 수 있다. 하지만 보수나 진보를 가리지 않고 수많은 사람이 장사진을 이루며 그의 빈소를 찾아 추모했다. 이것은 평소에 그가 남다른 정치인 브랜드였음을 방증한다. 따뜻한 인간미와 편협하지 않았던 그만의 차별화된 정치 역량이 바로 그것이다. 그래서 그의 가는 길이 더욱 아프다.

차제에 필자는 '정치인 자살방지법'이라도 제정했으면 하는 상상도 해본다. 극단적인 선택은 답이 아니다. 정치란 결국 잘 살고자 함을 다스리는 것 아닌가? 스스로 목숨을 끊는 자살은 저마다의 사정을 감안하더라도 정당화될 수 없다. 특히, 정치인의 경우에는 일반인과는 다른 몇 가지 이유가 있기에 더욱 그렇다.

정치인은 향도嚮導다. 나라의 나갈 길을 안내하고 막힌 길에는 물꼬를 트는 역할을 한다. 정치를 경제, 사회, 문화 등 그 무엇보다 맨 앞에 놓는 이유다. 브랜드 용어로 치자면, 맨 위에서 아래의 분야별 브랜드를 포용하며 감싸는 우산 브랜드와 같은 역할이다. 당연히 영향력과 중요성이 여타 분야보다 크다. 스타 정치인, 이른바 러브마크

수준의 정치인의 경우는 두말하면 잔소리다. 노 의원의 죽음에 베르테르 효과를 우려하는 목소리가 있는 데 고개가 끄덕여지는 이유다.

정치인은 공인公人이다. 내 몸이면서 내 몸이 아니다. 국민에게 선택을 구했고 선택을 받은 사람이다. 지역구민이 있고 그와 공감하는 많은 국민과 더불어 있는 것이다. 개인플레이를 하면 당연히 경고를 받는다. 하물며 자살과 같은 극단적인 선택은 백태클back tackle 그 이상의 엄중 경고감이다. 마음을 섞은 국민에게 망치로 뒤통수를 치는 격과 다를 바 없다.

정치인은 역사歷史다. 정치인의 말과 행동은 역사로 남는다. 역사에는 정사와 야사가 있듯이 영광과 굴욕도 함께한다. 완벽한 우량역사만으로 이루어진 나라는 동서고금 그 어디에서도 사례를 찾아볼 수 없다. 정치인 개인도 마찬가지다. 더구나 노 의원의 이번 〈정치자금법〉은 그의 개인적인 정치 역정에서 볼 때 옥에 티 수준인데 그것조차도 인내하지 못하는 고결함이어서 오히려 바보스럽다.

차라리 깨끗이 시인하고 처벌받고 개선하는 정공법을 선택하는 것이 옳지 않았을까 하는 생각도 든다. 역사는 잘하면 잘한 대로 못하면 못한 대로 타산지석他山之石이나 반면교사反面教師의 교훈을 남긴다. 정치인도 마찬가지다.

정치인은 늘 국민을 섬긴다고 말한다. 비교할 수 없이 크고 무거운 혐의로 수사와 재판을 받으면서도 태연하게 버티기 작전으로 일관

하는 정치인이 수두룩한 것이 현실이다. 즉, 많은 정치인의 국민 섬김 수준이 그 정도인데 상대적으로 국민 섬김이 각별했던 노 의원이 그렇게 극단적인 선택을 해야 했는지는 여전히 이해하기 힘들다.

노 의원은 남한산성에서 최명길과 김상헌이 지녔던 각각의 입장을 자신의 심장에 더불어 가졌던 것일까? '살아서 죽을 것인가', '죽어서 살 것인가'. 당장은 수치스럽지만 목숨은 구할 것인가, 아니면 명분과 책임을 쫓아 목숨을 버릴 것인가. 그럼에도 불구하고 자살, 더 이상 이런 일은 일어나지 말아야 한다. 노盧와 노魯로 끝을 내야 한다. 앞으로는 절대 노No다.

에필로그 편지 한 장
        쓰고 볼 일입니다

편지는 사람입니다. 편지는 사람 냄새가 풍기는 감성 미디어이기 때문입니다. 이 책을 쓰는 동안 힘겨워하는 저를 이끌어 준 사람들이 있었습니다. 그들의 감성이 저만치 앞서 갔기에 저도 이만큼 나아갈 수 있었습니다.

5천 통의 편지

편지 하면 생각나는 사람이 여럿 있는데, 그중에서도 첫 순위는 청마靑馬 유치환입니다. 감히 비교할 수는 없겠지만 저도 청마같이 그래 보았으면 하고 생각해 보기 때문입니다.

사랑하는 것은 / 사랑을 받느니보다 행복幸福하나니라. / 오늘도 나는 너에게 편지便紙를 쓰나니 / 그리운 이여, 그러면 안녕!

— 유치환, 〈행복〉

청마는 20년의 기간 동안 5천여 통의 편지를 썼습니다. 한 여인을 향해서 말입니다. 편지를 받은 그 여인은 속으로는 용광로처럼 뜨거웠지만 밖으로는 얼음장처럼 차가웠습니다.

아마도 청마는 거의 미칠 지경이었을 것입니다. 청마는 목마름과 허무 속으로 빠져들어 갈 수밖에 없었을 것이고 그 타는 목마름은 청마로 하여금 평생토록 노도怒濤와 같은 시를 쓰지 않을 수 없게 했을 것입니다.

아무리 '부러우면 진다'고 하더라도 청마의 편지 스토리는 너무도 부럽습니다.

편지를 썼어요

"그 형님은 친형님 그 이상이에요."

아마도 이런 인연을 가진 사람이 한 사람이라도 있다면 그 사람은 행복한 인생을 사는 사람일 것입니다. 그런 측면으로 보면 저는 행복한 사람입니다. 친형 같은 선배가 있기 때문입니다.

그 형님과는 일도 많이 했고, 술도 많이 먹고, 노래도 많이 불렀습니다. 함께 노래를 부를 때면 형님에게 부르도록 강요하는 노래가 하나 있습니다. 가수 이장희의 〈편지를 썼어요〉입니다.

편지를 썼어요 사랑하는 나의 님께 한밤을 꼬박 새워 편지를 썼어요
몇 번씩이나 고치고 또 고쳐 한밤을 꼬박 새워 편지를 썼어요

그 형님과 함께 오래도록 건강하게 편지 노래를 부르고 싶습니다.

추도사 편지

유시민 작가가 추도사를 읽었습니다. "회찬이 형" 하면서 울음을 삼키며 읽어 나가는 그 추도사가 저에게 설득력 있는 한 통의 편지로 다가왔습니다. 편지는 저렇게 써야 한다고 깨달은 계기가 되기도 했습니다.

다음 생에서 또 만나요. '우리에게 다음 생이란 없다.' 저는 그렇게 생각하면서 살아왔습니다. 지금도 그렇다고 믿습니다. 그렇지만 다음 생이 또 있으면 좋겠습니다. 그때 만나는 세상이 더 정의롭고 더 평화로운 곳이면 좋겠습니다. 그래서 누구나 온전하게 자기 자신에게 행복한 삶을 살아도 되면 좋겠습니다. 회찬이 형. 늘 형으로 여겼지만 단 한 번도 형이라고 불러 보지는 못했습니다. 오늘 처음으로 불러 볼게요. 형, 다음 생에는 더 좋은 곳에서 태어나세요. 더 자주 더 멋지게 첼로를 켜고 더 아름다운 글을 더 많이 쓰고 김지선 님을 또 만나서 더 크고 더 깊은 사랑을 나누세요. 그리고 가끔씩은 물 맑은 호수로 저와 단둘이 낚시를 가기로 해요. 회찬이 형. 완벽한 사람이어서가 아니라 좋은 사람이라서 형을 좋아했어요. 다음 생은 저도 더 좋은 사람으로 태어나고 싶어요. 그때는 만나는 첫 순간부터 형이라고 할게요. 잘 가요. 회찬이 형. 아시죠? 형과 함께 한 모든 시간이 좋았다는 것을요.

편지를 쓰며 익어 가는 인생

좋은 시에서 좋은 구절 하나를 만났습니다. 안도현 시인의 〈바닷가 우체국〉입니다.

바다가 보이는 언덕 위에 / 우체국이 있다 … 바다가 문 닫을 시간이 되어 쓸쓸해지는 저물녘 / 퇴근을 서두르는 늙은 우체국장이 못마땅해할지라도 / 나는 바닷가 우체국에서 / 만년필로 잉크 냄새 나는 편지를 쓰고 싶어진다 / 내가 나에게 보내는 긴 편지를 쓰는 / 소년이 되고 싶어진다

저도 모르게 감탄사가 나왔습니다. '아! 나도 시인처럼 바닷가에서든 어느 산골에서든 편지를 쓰면서 추하지 않게 잘 익어가리라' 하는 벅찬 희망을 가져 보았습니다.

이제 마지막으로 다산 정약용 선생의 편지에 대한 철학을 되새기면서 긴 편지 이야기를 모두 마칠까 합니다.

편지 한 장을 쓸 때마다 두 번 세 번 읽어 보면서 이 편지가 사통오달 四通五達한 번화가에 떨어져 나의 원수가 펴 보더라도 내가 죄를 얻지

않을 것인가를 생각하면서 써야 하고 또 이 편지가 수백 년 동안 전해져서 안목 있는 많은 사람의 눈에 띄더라도 조롱받지 않을 만한 편지인가를 생각해 본 뒤에야 비로소 봉해야 하는데 이것이 바로 군자가 삼가는 바다.

끝까지 읽어 주신 당신, 감사하고 또 감사합니다.

좋은 책을 만들어 주신 나남의 조상호 회장님, 고승철 님, 신윤섭 부장님을 비롯한 편집부, 그리고 잔소리와 응원을 아끼지 않았던 아내 양순, 딸 혜진, 사진을 촬영해준 아들 태린 등 모든 이에게 감사의 말을 전합니다.